「ふるさと投資のすべて

金融システムを変える地域活性化小口投資入門

赤井 厚雄
小松 真実
松尾 順介 ［著］

株式会社 きんざい

はじめに

問題の所在と本書のねらい

　本書は、「ふるさと投資」に関する初めての本格的な入門書である。

　「ふるさと投資（Hometown Investment Trust：HIT）」とは別名「地域活性化小口投資」とも呼ばれる古くて新しい投資の仕組みである。

　本書で「ふるさと投資」と呼ぶ「匿名組合出資」形式の投資ファンドは、実はわが国ではおよそ10年ほど前からその有用性が注目され、さまざまな分野での数百万円から数億円までの比較的小口の資金調達に用いられてきた。個人による少額の事業単位での出資を可能にする仕組みである。

　ここに、匿名組合契約とは、当事者の一方（匿名組合員）が相手方（営業者）の営業のために出資を行い、その営業より生じる利益の分配を受けることを約束する契約の形態をいい、その歴史は中世イタリアの地中海貿易の取引におけるコンメンダ（commenda）契約にさかのぼるといわれている。

　匿名組合の枠組みは、日本国内では1990年代からリースやクレジット契約に基づく特定債権や、不動産などの資産の流動化に際して盛んに活用されるようになり、加速化した金融機関による不良債権処理や、その余波としてのクレジットクランチに直面したノンバンクなどの資金調達の仕組みに広く用いられるなどした。その時点では、どちらかといえば機関投資家による比較的大口の投資に適したストラクチャード・ファイナンスの仕組みの一つとみられることが多かったといえるであろう。

　ところが、2000年代に入ると、匿名組合出資が、単なる貸付でもない、また株式の取得を通じた出資でもない、個人投資家によるさまざまな事業への「事業単位での直接出資」を可能にする新しい枠組みとして、再び注目されるようになり、いわば古くて新しい仕組みとして、あらためて幅広い分野で活用されるようになってきたのである。

その初期の例としては、映画の製作資金を集めたり、タレントのデビュー資金を集めるなどの分野での活用事例があり、どちらかといえば単発プロジェクトの資金調達事業におけるユニークな手法としての側面が強調された形でメディアに取り上げられるなどした。その後、期間やリスク許容度のミスマッチなどさまざまな規制やリスク管理上の要請に起因する制約条件のもとで銀行などの金融機関による融資など既存の手法での資金提供がむずかしい事業分野（酒蔵など）における柔軟性をもった資金調達を可能とする仕組みとしての応用可能性が再認識され、幅広い事業領域での活用が進んでいる。その仕組み自体も、こうした実務の進展とともに格段に洗練されたものとなり、折からのインターネットを中心としたIT技術の飛躍的進歩・普及とともに、この数年、特にネットリテラシーの高い20〜30代の世代を中心に利用者の拡大が一気に進み、それに伴う市場拡大が進んでいる。
　いまでは間接金融を補完しうる金融産業の新たな成長分野として期待され、新たな産業クラスターとしての展開を進めるべく官民をあげた取組みが進みつつあるのが現段階の姿といってよい。
　そうした流れを決定的にしたのは、2011年3月11日に起こった東日本大震災であった。
　岩手県沖から茨城県沖までの南北約500キロメートル、東西約200キロメートルのおよそ10万平方キロメートルという広範囲を震源とするこの未曾有の大地震は、かつてない巨大津波を伴い、東北地方を中心とした地域経済に文字どおり壊滅的な打撃を与えた。その被災地の事業者に向けた迅速な資金提供の有力な仕組みの一つとして、「被災地応援ファンド」などの名のもと、広範な分野で匿名組合出資が用いられ、その資金提供のスピード感と事業資金調達面での有効性が大きな評価を受けたのである。
　こうした成果をふまえ、一定の条件のもと、匿名組合出資で調達した資金に対し、被災地の事業者に向けたものに限らず、本来の資金の性質に合わせるかたちであらためて「資本」の一形態としての位置づけ（より詳しくは資

本性借入金という劣後資本としての位置づけ）を与えることが、金融庁によって強力に進められた。

　匿名組合契約で集めた資金はこれまで「預り金」としての扱いが主であったが、資金のもつ本来の性質をふまえて、実態に合わせた現実的な運用が行われるようになった、言い換えれば資金の出し手の「こころざし」が生かされる運用が金融当局の後押しを得て進められるようになったことは画期的であった。これにより、全国各地の地域経済を支えるさまざまな事業者の、「単なる資金調達手段ではない」「資本調達のツール」として、「ふるさと投資」が大きな注目を集めるようになったのである。

　本書では、こうした近年の展開をふまえ、まず第1章において、そうした近年の動きの背景となった日本の金融市場の特徴と課題を再確認していく。

　わが国の金融市場の最大の特徴は、間接金融の占める大きな位置づけにあるといってもよい。その意味で、わが国金融市場の機能強化に関するこれまでの議論や取組みの多くは「間接金融に代替する仕組みを構築する」か、「間接金融を効果的に補完する仕組みを構築する」かのいずれかに集約されてきた。そのなかで、過去10年ほどの間に行われた、間接金融市場を補完しようとする国内における取組みの代表的なものを紹介し、「ふるさと投資」誕生に至る経緯をたどることにする。また、米国金融市場との対比において日本の金融市場の機能強化に向けたあるべき方向性を提示する。

　第2章においては、「ふるさと投資」と同じく、間接金融を補完する金融機能の強化が課題となっている不動産・インフラファイナンス分野における近年の取組みを紹介し、その課題を提示する。

　ところで、ふるさと投資は、本来小口の事業のみに限定して資金提供を行う仕組みではない。将来的には、数兆円規模の市場へと成長することが期待されており、市場規模の拡大に伴い、一事業当りより大きな資金を必要とする不動産やインフラ分野へのリスクマネー供給の仕組みとして活用できる可能性が大きいというのが、筆者らの見解である。環境・不動産などへの投資

における、必ずしも短期的なリターンに反映されない中長期的リターンなどは、「ふるさと投資」の手法を活用することで、あらためて評価が可能なものとなる可能性がある。その意味で、ふるさと投資は不動産・インフラファイナンスとはまったく無縁のものではないのである。

それに続く、第3章では、「ふるさと投資」の基本的な概念と仕組み、市場拡大に向けての今後の課題について詳しく説明する。

さらに、第4章では、第二種金融商品取引業協会で検討が進んでいる、投資家保護等を念頭に置いた契約書式や情報開示の標準化などさまざまな取組みを紹介する。

第5章では、さまざまな「ふるさと投資」のケーススタディを紹介する。これにより、地域金融機関や事業者において、今後このスキームがどのような分野で活用できるか、できる限り具体的なイメージをもった検討が行われ、金融機関と事業者、さらに自治体を含めた活用に向けての議論が進むことを期待している。また、この章では、先で述べた金融庁による「匿名組合出資資金の資本性借入金への算入」について詳しく述べる。

第6章では、第1章でも触れた米国金融市場の動きをふまえ、新たな投資の形として注目されているダブル・ボトムライン(DBL)ファンドの考え方を紹介し、その代表的な仕組みについて詳述するとともに、日本の金融市場に向けたインプリケーションを提示する。

これらをふまえて、おわりには、ふるさと投資を組み入れた新たな金融市場モデルの構築についての考え方を提示する。

筆者のうち、松尾順介と赤井厚雄は、2012年8月に内閣官房地域活性化統合事務局に設置された「ふるさと投資プラットフォーム推進協議会」(座長・塩澤修平慶應義塾大学経済学部教授)の委員として、官民連携による「ふるさと投資」の枠組み構築に携わってきた。その成果としての報告書は2013年3月に取りまとめられ、その活用に向けての取組みが始まっている。また、共著者の小松真実は、匿名組合出資を用いた小口投資ファンドビジネスのパイ

はじめに

オニアとして、この分野を先導してきた。匿名組合出資で集めた資金を金融庁が「資本」として認定するきっかけになった「被災地応援ファンド」の生みの親であり、将来に向けての市場拡大に積極的に取り組んでいる。小松とともに第5章の事例研究を担当した猪尾愛隆は、さまざまなファンドの組成・販売業務に携わってきた実務の第一人者である。また、島村昌征（第4章の自主規制に関する取組みを担当）は、この分野の自主規制団体である第二種金融商品取引業協会の事務局長として、まだ歴史の浅い「ふるさと投資」市場の健全な拡大に向けて、ルールの制定などの環境整備に取り組んでいる。

筆者らの思いは、しかしわが国の金融市場がそのもてる機能を最大限に発揮し、実体経済を支えて経済の活性化、また地域経済の再生を支えるに足る強さと奥行きを備えた、複線的な市場へと進化していく過程で、「ふるさと投資」が重要な役割を果たしうるというところにある。そして、「ふるさと投資」を単なる一過性のユニークな金融スキームに終わらせるのではなく、国内金融システムを支える新たな金融産業クラスターとして大きく成長させるべきであるという思いを共有している。

本書は、そうした思いを背景とし、初学者にもわかりやすく、ふるさと投資の全体像を理解して、日々の実務に活用していただけるハンドブックとして書かれたものである。

目　次

はじめに

第1章　日本型金融システムの特徴と課題
1　間接金融と公債への高い依存　2
2　複線的金融システム構築の必要性　8
3　地域活性化の視点に立った官民連携の取組み　12

第2章　不動産・インフラ分野における取組みと方向性
1　背　景　16
2　都市の成長戦略をめぐる取組み　21
3　地域金融機関による不動産ノンリコースローン供給　22
4　公共インフラ分野における新たな取組み　27
5　今後の検討課題　29

第3章　ふるさと投資（地域活性化小口投資）の意義と今後の方向性
1　概念と基本的な枠組み　34
2　今後の課題　36
3　小口事業投資からインフラファイナンスへの活用可能性　39

第4章　一般社団法人第二種金融商品取引業協会の今後の取組み
1　二種業協会について　42
2　ふるさと投資に対する協会の取組み　44

第5章　ふるさと投資の事例

1　はじめに　52
2　事例の概況および個別紹介　52
　事 例 ①　奥播磨ファンド　56
　事 例 ②　丸光食品ファンド（セキュリテ被災地応援ファンド）　60
　事 例 ③　池内タオル　64
　事 例 ④　共有の森ファンド2009　68
　事 例 ⑤　ヴェルディドリームス2010　72
　事 例 ⑥　黒壁ガラス工房ファンド　76
　事 例 ⑦　音楽ファンド「HIP HOP LEGENDS-6」　80

第6章　米国のダブル・ボトムライン投資ファンド

1　米国のDBL投資ファンドの概要　87
2　DBLファンドの類型　89
3　DBLファンドの成功要因　93
4　SROIによる評価　99
5　まとめ　103

おわりに

第 1 章

日本型金融システムの特徴と課題

1　間接金融と公債への高い依存

　金融の資金循環面に着目し、日本型金融システムの特徴を一言でいうならば、それは預金の受入れによる資金調達とローンの貸出による資金供給を中心にした間接金融の仕組みへの大きな依存の構造にあるといえる。歴史的にみて、わが国の間接金融部門（銀行）を経由した民間資金媒介は、株式や債券の発行・流通を通じたもう一つの部門である資本市場における資金媒介を圧倒しており、これは米国や欧州と比較したアジアの金融システムにある程度共通する傾向ではあるが、わが国の金融システムを資金循環面からみた場合の特に際立った特徴となっている。

　2008年に起こったサブプライム問題に端を発する世界金融危機の際には、急激な信用リスクの顕在化による金融機関の資金繰りの困難さが金融システムの根幹を揺さぶり、米国や欧州の投資銀行や資金調達の多くを資本市場に依存していた投資ファンドなど、多くの金融機関が破綻するに至った。

　これに対し、日本の大手金融機関の多くが間接金融機関であり、その資金調達が主として安定的な預金を基盤にするものであるというこの特徴こそが、むしろ日本の金融システムにおける安定性の土台であるとの肯定的な評価も聞かれた。ところが、その金融危機後間もなくして、金融システムの安定から実質的な金融の仲介機能に対し、世の中のより多くの関心が向けられるようになると、間接金融に大きく依存した日本型金融システムの「実体経済を支える機能」すなわち、資金媒介機能面での低迷がクローズアップされるようになってきた。つまり、国内に資金はあるがそれが銀行から実体経済に必ずしも十分に流入しないという現象が顕在化し、今日ではそのことが日本経済における単純な緩和政策だけでは解決できない金融システムの大きな課題として認識されるようになってきたのである。

　しかしそれは、「間接金融は機能しない」といった単純な議論ではない。

第1章 日本型金融システムの特徴と課題

　それは、10余年の間に進行していた以下のような国内間接金融システム自体の質的変化や国内金融システムを取り巻く環境の構造変化から導き出されたものである。
　その一つは、国内間接金融システムを構成するプレーヤーの変化である。2000年代前半に行われた不良債権処理政策の推進の過程と並行して進められた金融制度改革のもとで長期信用銀行制度は消滅し、「官から民へ」のかけ声のもとで進められた公的金融機関改革により、日本開発銀行（政策投資銀行に転換）などの政府系金融機関の活動には一定の制約が課されることになった。これらの金融機関はいずれも金融債の発行や財投借入れなどの長期資金の調達を裏付けとして貸付を行うという役割を担っていた間接金融機関であり、そうしたプレーヤーの消滅や活動の縮小は、それ自体にそれなりの筋の通った背景があったことを割り引いて考えたとしても、結果において既存の間接金融システムのもつ「長期資金媒介能力」の低下を招いていた。
　とはいえ、当時そのことが直ちにわが国金融システムにおける資金のアベイラビリティ面での喫緊の課題として認識されなかったのは、同じく2000年代に入って、世界的な過剰流動性を背景に、国内の金融システムにおいては銀行が短期の資金を切れ目なく供給し続け、外からは欧米の投資銀行が国内のさまざまな投資対象に向けてリスクマネーや比較的長期の資金を供給し始めたことによっている。このことによって、プレーヤーの変化による影響は直ちに顕在化することはなく、少なくとも表面的には長期資金の供給不足が喫緊の課題と認識されることはなかった。
　しかしながら、この間、国内の間接金融システムの実体は、2000年代前半に、公的金融や長信銀などのプレーヤーを含む「重層的な金融システム」から、メガバンクや地方銀行など、普通預金や定期預金など比較的短期の預金受入れによる資金調達に圧倒的に依存する商業銀行中心の「単線的な金融システム」へと確実に変貌を遂げていたのである。そして、その後の2000年代後半に発生した世界的金融危機を経て起こった内外投資銀行のバランスシー

ト調整による投融資活動の縮小や銀行に対する国際的な規制の強化などにより、国内システムの質的変化に起因する資金媒介能力の低下を結果的に覆い隠す役割を演じていた外部からの切れ目のない資金供給が突如として途絶え始めたことで、国内の商業銀行の多くは、潮が引いた後に現れた中洲に取り残されたも同然となった。そして、そのようなかたちで国内に取り残されてしまった商業銀行が提供することが可能な貸付資金の期間やリスク許容度によっては国内に存在するさまざまな資金需要に十分に対応することができないという現実が明らかとなり、結果資金の供給サイドと需要サイドの間に存在するミスマッチ問題というかたちになって一気に顕在化したということができる。

　言い換えれば、国内商業銀行は、与えられた資金調達上の制約条件や国際的な規制の前提条件のもとでは精いっぱいの仕事をしてはいるが、そこから提供される商品（資金）の性格が、実体経済を支える事業者側からみてそのニーズにあった十分魅力的なものになりえていない、銀行側からすると「資金需要がみえない」という現象が資金のミスマッチ問題として現れてきているのである。これが、金融機関の預貸率の長期的低迷の原因ともなっている（図表１－１）。

　もう一つの背景は、国債などの公債発行を通じた「公的資金媒介」への依存の限界が明らかになったことである。わが国には、すでに述べた間接金融や直接金融などの本来の民間資金媒介に加えて、国債や地方債などの公債発行を通じて資金を調達し、その資金を財政投融資などの公的チャネルを通じて供給する「公的な資金媒介のシステム」が実質上第二の金融システムとして存在している。そして、それが国、地方公共団体、特殊法人などを通じて融資を行うことで公共事業などへの資金供給源となるとともに、その時々の景気対策や資源再配分の役割を実質的に担ってきた。公債の発行は長期債の形態をとることが多いことから、結果として、国内経済システムに長期資金を供給する実質的な資金循環の仕組みとして機能してきた。また、公債は政

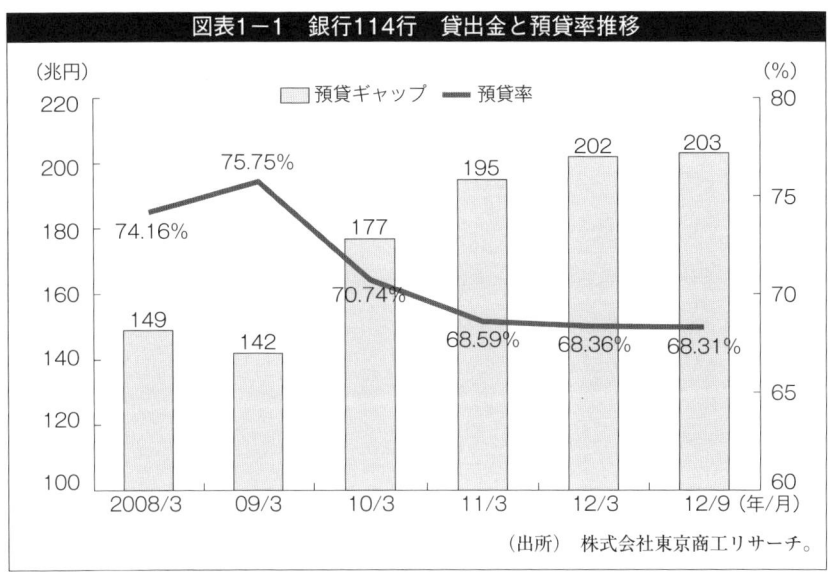

府などの公的主体がその支払を保証していることが前提となっていることから、これによって調達された資金は、民間の金融機関や機関投資家におけるリスク管理の視点とは次元の異なる政策目的などに基づく判断をもって資金提供が行われることが多く（そのこと自体は否定されるべきものではないが）、わが国においては実質的にリスクマネーに代替する性質をもった資金として供給されてきたという側面がある。換言すれば、わが国において、公債発行を通じた「公的資金媒介」は国内間接金融システムからは十分に賄えない長期のリスクマネーを供給することで、間接金融システムの資金供給機能を補完するという事実上の役割を果たしてきたということができる。

　しかしながら、2000年代に入って国債を中心にその累積残高は急増し、近年のギリシャをはじめとする欧州各国の債務危機の経験から、わが国の国債を含む公的債務残高が日本経済にとっての潜在的に大きなリスク要因として認識されるに至っている。公債発行という手段を用いた公的資金媒介は、低

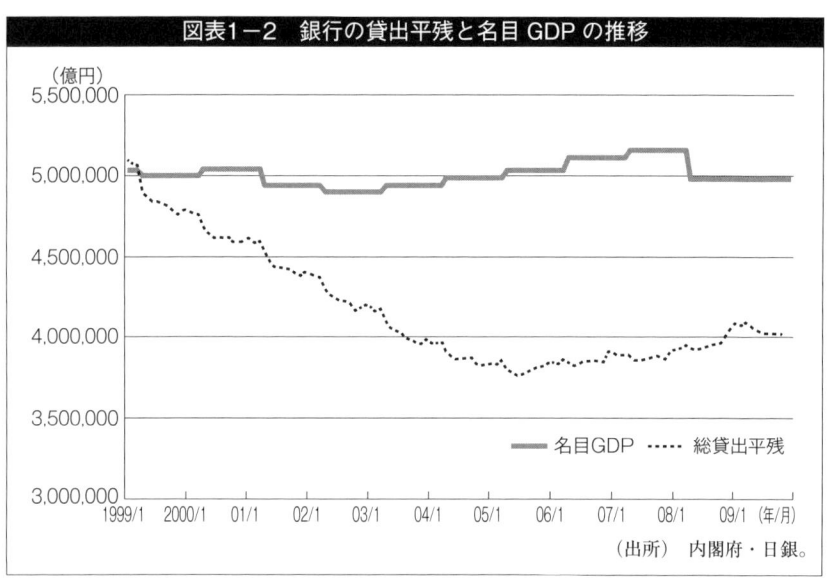

コストで迅速確実な資金調達を行って市場の資金を吸い上げ、民間の金融システムに代替して国内における資金循環の停滞を埋めることができるという明らかな利点はあるが、同時にその副産物として公的債務の累積を引き起こしてしまうという結果を不可避的にもたらすものであり、将来に向けての国民経済における資金調達・媒介の代替的手段として、これに一方的に依存することには限界があるといわざるをえない。やはり、民間の資金循環システムが公的資金媒介に依存せずに本来期待された役割を果たすことができるよう、環境整備を進めることが、目指すべき方向性なのであり、特にわが国では、東日本大震災の復興に巨額の復興国債を発行せざるをえなかった経験から、そのような見方が広く共有されるようになった。

　図表1−2は、1999年から2009年にかけての、わが国の名目GDPと全国銀行の総貸出平残をみたものである。この期間を通じて名目GDPがほぼ横ばいで推移するなか、貸出残高は2005年まで一貫して低下し、その後大きく

第 1 章　日本型金融システムの特徴と課題

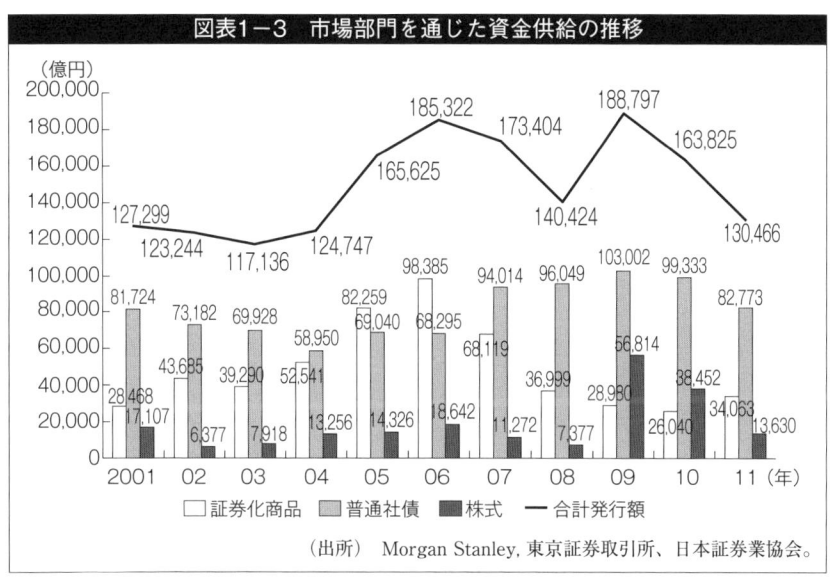

増加には転じていないことがみてとれる。これは一面では銀行の不良債権処理プロセスを経て、1980〜1990年代のバブル期のような過剰な貸出が抑制されていることの結果、すなわちリスク管理体制強化の成果であるとみることもできる。しかしながら、名目GDPの横ばい推移と、同時に全国銀行の預金残高が一貫して増え続けていること、この間に進行した前述のような銀行システムにおける長期資金やリスクマネー供給能力の低下傾向というマクロ的背景を考えあわせると、経済の成長に貢献する新たな産業の開拓といった分野やそれを支える都市再生・インフラ更新などの重要な分野への間接金融システムからの資金供給がうまく進んでいないということの証左であるとみることも不自然とはいえないだろう。

また、図表1－3は、2001〜2011年にかけての間接金融以外の民間資本市場部門すなわち株式、社債、証券化商品の新規発行推移を示したものである。市場部門を代表する三つのセクターを通じた資金供給は2006年までの増

加トレンドから、その後は横ばいないし減少トレンドに入っており、特に株式や証券化商品などを通じたリスク許容度の高い資金供給のボリュームは10年前の水準に逆戻りしているといわざるをえない。このように、既存の間接金融システムに対する資本市場の活性化を通じた機能補完に向けての動きも、そのかけ声ほどには進んでいないというのが現状である。これは、日本を含むアジアの歴史や文化的背景によるものとも考えられ、それらを度外視して米国型の資本市場優位な金融市場を一気につくりだすことで課題の解決にあたろうとする一部の考え方は、現実的な方向性であるとは思えない。資本市場の拡充は引き続き進めるにしても、まずは間接金融中心のこの基本的な枠組みの前提に立って、それを補完する仕組みを考えていくことが現実的な選択肢であるといえるのではないだろうか。

2 複線的金融システム構築の必要性

　前項では、日本型金融システムの資金供給面での特徴を概観し、その構造的課題を提示した。すでに述べたように、このような課題認識は実はかなり早くからあり、特に1990年代の不良債権処理がひと段落し、2000年代に入った頃から「銀行部門と市場部門が補完的に機能することで、持続的な経済成長に資するとともに、外的なショックに対する耐性を持つシステム」[1]、すなわち「複線的金融システム」を構築することの重要性が金融市場の内外でしばしば指摘され、それを受けた政府による対応の検討が繰り返されてきた。

　そうした認識が政府によって明確に示された比較的初期のものとして、金融庁・日本型金融システムと行政の将来ビジョン懇話会による「金融と行政の将来ビジョン」（2002年）などがあげられるが、その後の金融商品取引法

1　金融審議会金融分科会基本問題懇談会報告（2009年12月）

の導入（2006年）やそれに続く「金融庁・市場強化プラン」（2007年）においても、「貯蓄から投資へ」の基本ビジョンが提示され、金融の複線化に向けてさまざまな取組みが企図されたことはいうまでもない。また、2008年の「国際金融拠点機能強化プラン」などもそうした考え方に基づく環境整備の取組みであり、インフラや税制面などを含む一体的な環境整備によって、新たに勃興しつつあった上海やシンガポールに対抗してわが国の金融市場を活性化しようとする政府のイニシアティブと位置づけられよう。

　ところが、2008年秋のリーマン・ブラザーズの破綻に端を発する世界的な金融危機を受け、国内でのそうした取組みは力を失って、むしろ後退しているといってもよい。

　金融危機後を受けて、米国のドッド・フランク法や国際的な銀行規制におけるバーゼル委の新たな規制の枠組みなど、金融機関のリスクテイク行為を押さえ込もうとする国際的な規制強化の流れを受け、銀行の事業活動には大きな制約が課されるようになりつつある。わが国でも規制の強化による金融システムの安定化強化という方向に金融市場行政の軸足が移るなかで、図表１－３（前述）のようにわが国の国内資本市場部門の活動も抑制され、実質的な足踏み状態が続いている。とりわけ、伝統的な資本市場部門である株式や社債市場を、資金供給面で補完すべきものとして期待された証券化商品市場も、長期にわたる市場取引の低迷などを背景に、2006〜2007年をピークにその活動は、住宅ローンを裏付けとしたRMBSを除き半ば休止状態といってもよい状態が続いており、その再開に向けてのさまざまな検討は行われているが、根本的な事態打開の見通しはいまだに立っていない。

　そうしたなか、2009年の政権交代をまたいで取りまとめられた「今次の金融危機を踏まえたわが国金融システムの構築（金融審・基本問題懇談会報告書）」において、金融審自らが、これまでの経緯をふまえて「複線的な金融システムの構築に向けたビジョンが示されてから10余年が経過したにもかかわらず、その構築は必ずしも期待されたとおりには進んでいない」と指摘を行っ

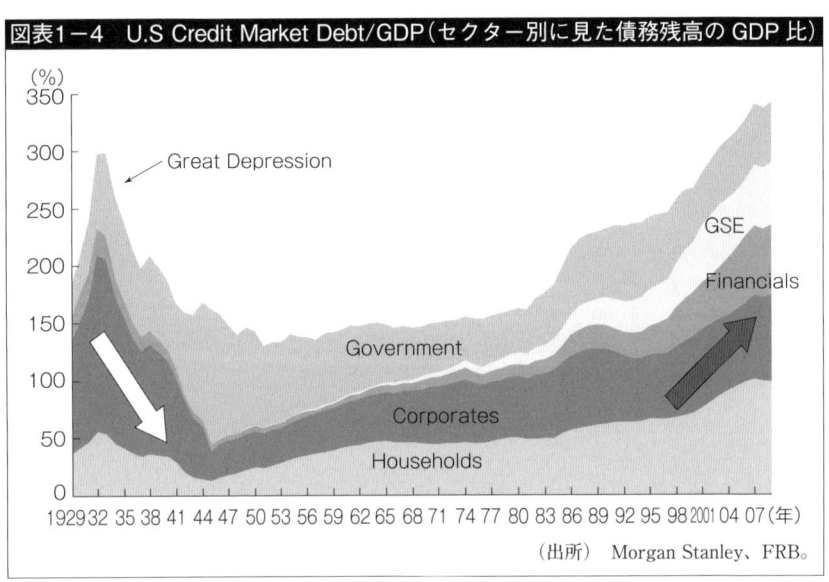

ていることは象徴的である。

さらに、2012年に公表された、金融審「我が国金融業の中長期的なあり方について（現状と展望）」においても、「直接・間接金融の両部門を総動員した新たな成長資金供給の態勢づくり」の必要性があらためて指摘されている。

「間接金融の単線化」と「公的金融の縮小」が進むなかにあって、複線的金融システムの再構築に取り組むことは、実体経済を支えるに足る金融システムの機能を強化するという観点からも、わが国にとってもはや先送りが許されないテーマになっている。

その際、1,450兆円といわれる国内の個人金融資産や1,000兆円を超える家計の不動産などの非金融資産の利活用や活性化を図ることや、現在の国内資金循環のなかからは必ずしも十分な供給が確保できない長期のデット資金について年金など海外投資家からの導入を促すことが、これからの複線的金融システム再構築における重要な検討課題といえるであろう。

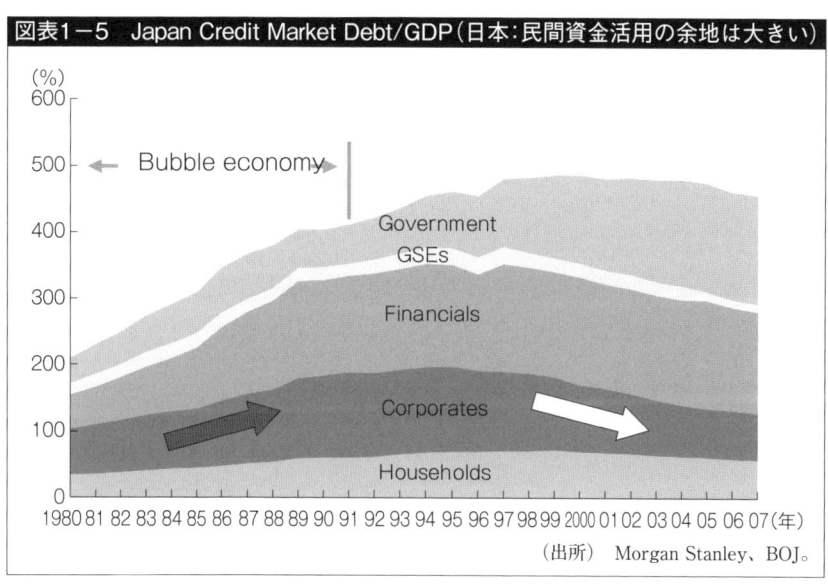

特に、個人金融資産の活用に関しては、図表1－4および1－5にみられる米国と比較したわが国債務の際立った特徴から得られる示唆は大きい。図表1－4にみられるように、米国では1980年代後半からほぼ一貫して家計セクターに債務が累積し、その水準（セクター別の債務残高をその時点の GDP で除したもの）は世界恐慌時のそれを超えている。すなわち、米国においては当分の間家計セクターにある何がしかの金融資産は「見せ金」として、その多くは債務返済によるデレバレッジに向かわざるをえないと考えるのが自然であろう。

これに対して、図表1－5にみられるように、わが国の家計セクターおよび企業セクターの債務累積状況は、政府セクターのそれと大きく異なり、相対的に健全といってもよい状態にあり、家計セクターの金融資産は、現状ではその相当部分が実質的に国債の安定消化に使われているという側面があるとはいえ、その一部を効果的に活性化することによって経済の資金循環のな

かに一定程度還流させうる「真水」としての実体を伴ったものといえる。そのための有力な手法の一つが、「ふるさと投資（地域活性化小口投資）」なのである。

3　地域活性化の視点に立った官民連携の取組み

　これまで繰り返し述べてきたように、わが国の国内金融システムの特徴は、その資金媒介能力に限界がみえつつある間接金融部門への過度の依存にあり、これまで10年余にわたって、官民のさまざまな場面で繰り返し議論が行われてきたにもかかわらず、残念ながらその基本的な構造自体は大きく変わっていないのが現実である。

　しかしながら、2008年に起こった国際的金融危機への対応というかたちで、特に地域経済を支える観点から、間接金融を補完するという視点に立った官民連携によるいくつか興味深い取組みが行われている。

　その一つは、2009年度に政府の金融危機対策の一環として国土交通省において行われた「地方のまちづくりに役立つノンリコースローン供給促進事業」である。これは地域金融機関を活用したまちづくり資金の「地産地消」に向けての取組みであり、先進的な金融取引の成果を標準パッケージ化することによって地域金融機関などにとって取り込みやすいものにし、公的主体のリスクテイク能力を生かして地域金融機関の資金媒介能力を向上させようとする、その後の官民ファンドなどのさまざまな官民連携のイニシアティブにも結びつく先行的な取組みの例ということができる。

　もう一つは、現在内閣官房の地域活性化統合事務局を中心に検討が進められている「ふるさと投資（地域活性化小口投資）プラットフォーム」である。これは家計金融資産に眠る個人の志を呼び起こして活用することができる全国の小口事業投資の促進に向けての取組みであるということができ、本書の

第1章　日本型金融システムの特徴と課題

主題である。
　次章以降では、新たな資金循環の創出に向けてのそうした先行的な取組みの具体的例を背景とともに紹介し、今後のわが国資金供給構造のあり方についてあるべき方向性を検討する。

第2章

不動産・インフラ分野における取組みと方向性

1 背　景

　不動産投資市場は、本来わが国最大の資産市場である不動産市場と内外金融市場を効果的につなぐ「場」として、わが国の経済社会において大きな役割を担っているといってよい。

　不動産投資市場が「不動産と金融」を効果的に結びつけてその本来の役割を果たすことで、民間資金を効率的に活用し、戦後・高度成長期を通じて今日までに蓄積されてきた官民の不動産ストックやインフラ・ストックの更新を促すことができる。また、その官民インフラの集合体としての都市の再生を通じて、わが国の未来に向けての国内産業構造の転換や、とりわけアジアの成長を取り込むための拠点整備の一環としての大都市圏における都市インフラの集積強化・防災能力の向上を通じた国土の強靭化に向けてのプロジェクトなど、ハード面を含めたさまざまな取組みに対して資金供給面からの裏付けを与えたり、高齢化の進展をふまえた都市のコンパクト化推進や消費を生み出す文化活動などを後押しするまちづくりなどを含む幅広い住生活環境の向上など実体経済を支えるさまざまな取組みを後押しすることが可能となる。

　そのことは一方で、1,500兆円ともいわれる国民の金融資産に対する中長期の投資機会という選択肢を提供することにもなり、これは国内金融ビジネスにとっての活力と国民生活の豊かさを生み出す源泉ともなるべきものと考えられる。

　ところが、わが国の不動産投資市場は、その導入期から約10年の間に確かにゼロから大きく成長したとはいえ、図表2－1からわかるようにその規模においては広義の証券化ともいえる信託受益権化されたものまで含めても33兆円（うち狭義の投資市場であるJ-REITによって保有されている不動産は約8兆円）にとどまっている。金融市場・不動産市場のいかなる基準に照らしても

第2章　不動産・インフラ分野における取組みと方向性

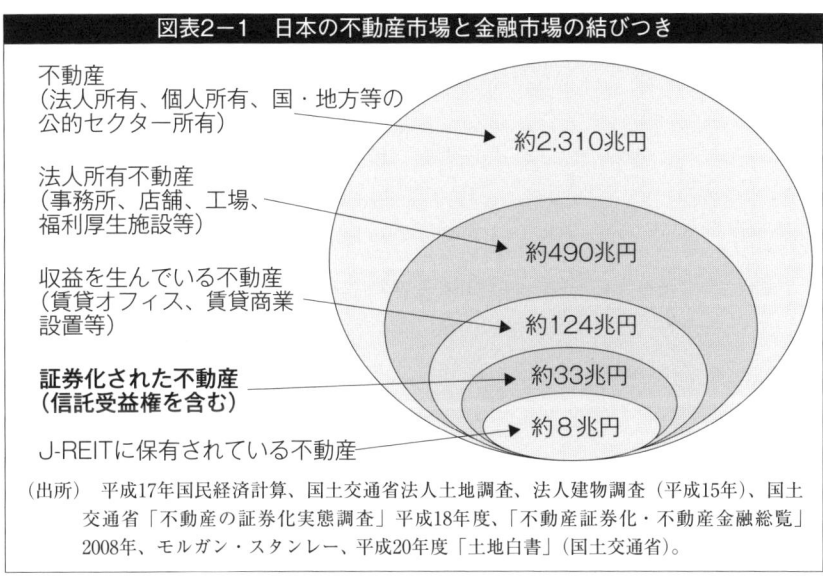

満足な大きさに成長したとはいえず、その機能面においても、2,300兆円の不動産ストックを有するわが国のさまざまな可能性を生かし、不動産やストック市場が抱える多くの課題に対応できる広がりと奥行きを備えた適正規模な市場となりえていない。

　不動産と金融は、いずれも国民経済のほとんどすべてといってもよい広範な分野と密接に結びついており、わが国経済における両者の関係は「相互に依存する双子の兄弟」とも呼ぶべきものである。企業金融や個人金融の約8割は直接または間接的に担保としての不動産の価値に依拠し、結果として不動産価格が急激に下落すれば、それは直ちに金融システムの不安定要因ともなる。他方で、不動産や都市の価値を維持し、機能を更新するためには金融システムからの安定的な中長期の資金供給が不可欠であることはいうまでもなく、これを欠いては都市の競争力を維持するための攻めの取組みを長期的展望に立って推進することは不可能である。そして、守りという観点からみ

ても、老朽化したまま放置された不動産や都市インフラは、先頃の笹子トンネル崩落の例を持ち出すまでもなく、わが国経済にとっての「重荷」になりかねないことは明らかである。

特に、図表2-2に示されているように、わが国大都市におけるインフラの3～4割が、わが国経済が高度成長期にあった昭和30～50年代にかけて供給されたものであることや、そもそも現行の新耐震基準がその後の昭和56年に導入されたものであることを考え合わせると、この認識は重要である。

しかしながら、すでに述べたように、この当たり前の事実が、わが国経済の高度成長期、バブル期、その後20年に及んだ経済の低迷期を通じ、国民の間で取り組むべき課題として広く共有されることはなかった。

ところが、2008年に起こった世界金融危機を経て、外資系金融機関のバランスシート縮小や国内メガバンク等大手銀行の活動の停滞により、金融市場から不動産市場への資金流入が目にみえて減少した（図表2-3参照）。なかでも、資金フロー面では、とりわけ長期資金やメザニン資金などのリスクマネーの供給不足が一気に顕在化するとともに、金融機能面では特に東京などの首都圏以外で顕著となった外資金融機関やメガバンクの戦線縮小による資金供給の減少を補うという立場に置かれた地域金融機関の対応力に限界があることが次第に明らかとなってきた。

今日議論が行われている国土強靭化の観点からも、相当程度の公的支援が必要であることは論を待たないが、同時に資金調達の持続可能性という観点に立てば、既存の金融システムの機能補完を通じて内外の民間資金を活用できる大きな仕組みの再構築が求められ、その際に地域金融機関の活躍を促すことができる枠組みの検討が急務といえるだろう。

第2章　不動産・インフラ分野における取組みと方向性

図表2-2　老朽化する都市インフラの耐震性

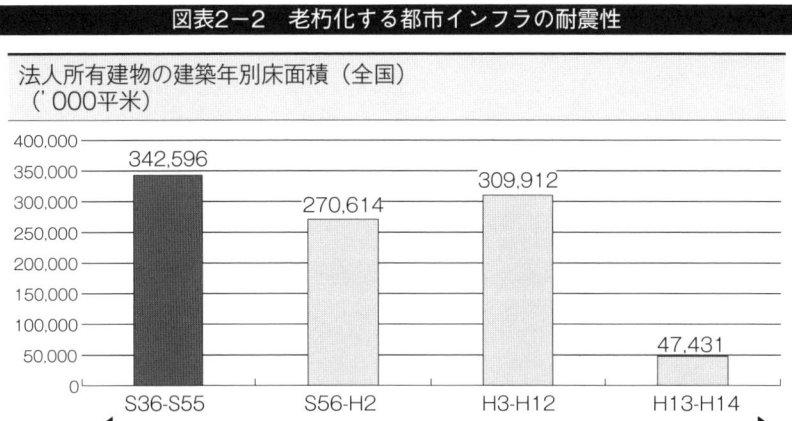

(注)　工場敷地等以外にある建物で、社宅・従業員宿舎・賃貸用住宅および他者への販売を目的として所有する土地（棚卸資産）に該当する土地にある建物を除く。
(出所)　国土交通省「平成15年法人建物調査」

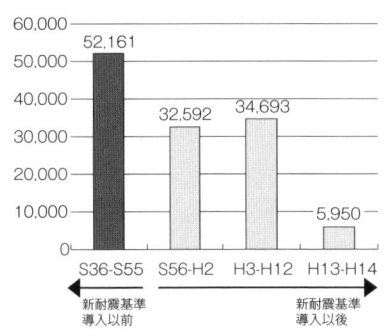

(注)　工場敷地等以外にある建物で、社宅・従業員宿舎・賃貸用住宅および他者への販売を目的として所有する土地（棚卸資産）に該当する土地にある建物を除く。
(出所)　国土交通省「平成15年法人建物調査」。

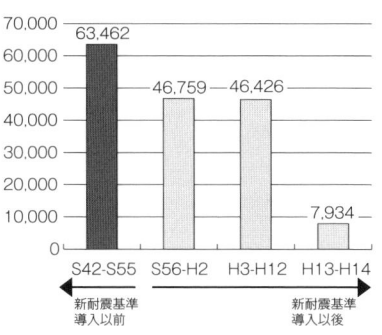

(注)　昭和55年以前の調査の集計は暦年、昭和55年以降は会計年度に変更。
(出所)　大阪府。

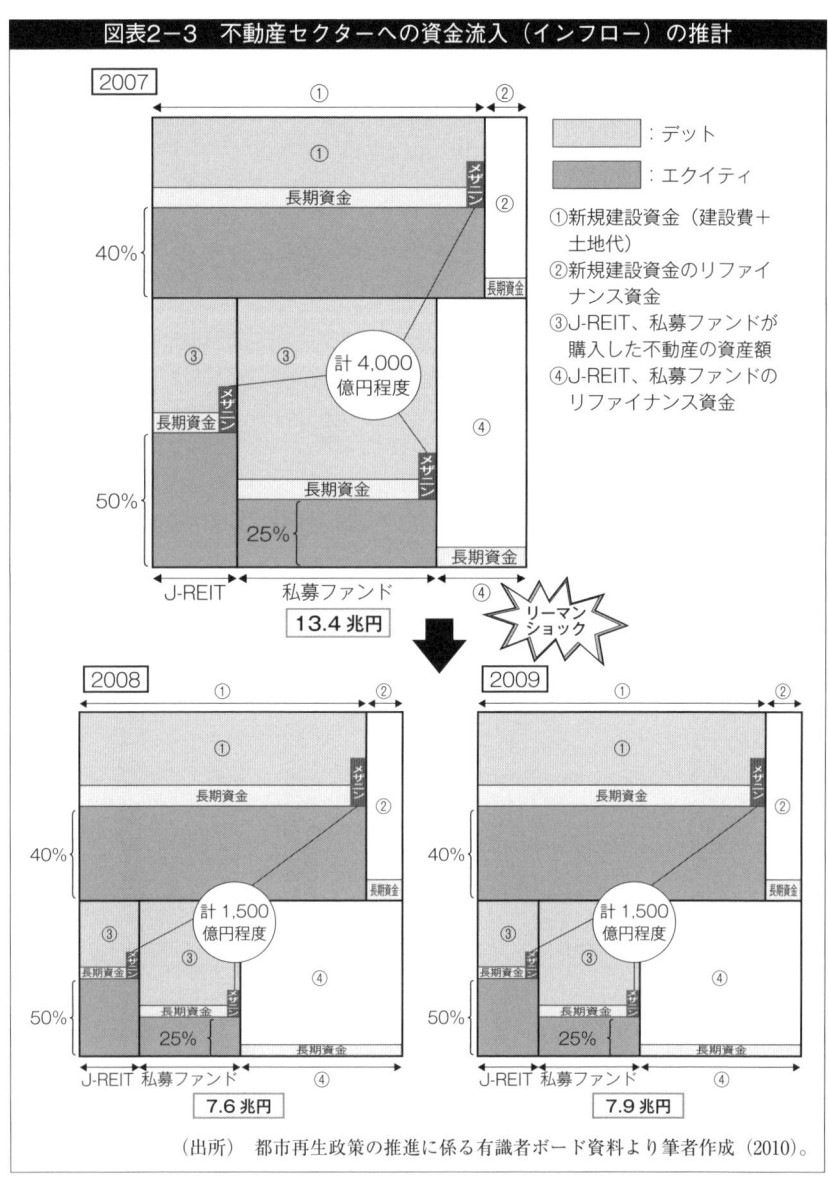

第2章 不動産・インフラ分野における取組みと方向性

2 都市の成長戦略をめぐる取組み

　2009年に打ち出された政府の「大都市の成長戦略」において、「大都市は、これまでは国の成長の牽引役としての役割を果たしてきたが、ソウル、シンガポール、上海、天津等の他のアジア都市は国をあげて競争力向上のための取組みを推進しており、国としての国際的、広域的視点をふまえた都市戦略がなければ、少子高齢化もあいまって東京ですら活力が失われ、国の成長の足を引っ張ることになりかねない。このため、成長の足がかりとなる、投資効果の高い大都市圏の空港、港湾、道路等の真に必要なインフラの重点投資と魅力向上のための拠点整備を戦略的に進め、世界、アジアのヒト・モノの交流の拠点を目指す必要がある」[1]との問題意識が示された。

　これを受けて2011年に行われた政府の「都市再生基本方針」全面改訂では、わが国経済の国際競争力強化に向けての都市戦略構築、それに必要な都市再生施策に向けて、PPP（Public Private Partnership）、PFI（Private Finance Initiative）、「新しい公共（New Public Commons）」との連携により民間の知恵と資金を有効活用することや、都市再生に必要な資金を安定的に供給することができるファイナンス環境整備に政府一体となって取り組む方針が示された[2]。

　これまで都市のハード面に重点を置いてきた「都市再生基本方針」に、金融環境の整備についてのまとまった記述が組み込まれたのは、これが初めてのことであり、すでに述べたようなファイナンス環境面における課題認識が、そうした新たな動きの背景にあった。

　また、都市再生基本方針の改訂についての議論が行われている最中、並行

1　「新成長戦略」（2010年6月）
2　「都市再生基本方針」（2011年2月4日全面改訂版）「安定的な民間都市開発推進のためのファイナンス環境整備等」

して検討が進み、タイミング的には都市再生基本方針に先立って公表された金融庁「金融資本市場及び金融産業の活性化等のためのアクションプラン」（2010年）においても、「都市再生基本方針の改訂作業を踏まえ、不動産の「取得・再生・開発等」を促し、不動産投資市場の活性化を図っていく」とする金融当局としての従来になく踏み込んだ方向性が示された。

さらに、国土交通省にも不動産投資市場戦略会議（国土交通大臣の私的諮問機関）が設置され、幅広い民間事業者らからのヒアリング等をふまえて2011年に公表された最終報告書[3]において、不動産市場と金融市場を適正に結びつけ、都市の再生やインフラ更新を進めるための「場」としての不動産投資市場活性化策について、①デット市場、②J-REIT市場、③私募ファンド市場、④不動産現物市場、⑤不動産投資市場と金融の循環システムなどの分野ごとに具体策が提示された。

こうした関係府省庁の動きは、不動産・インフラにかかわるわが国金融システムの諸課題についての共通認識に基づくものである。その結果、2009～2010年にかけ各省庁の会議体などを通じてその構造的課題についての論点抽出が行われ、公式非公式にさまざまな場面を通じ従来の縦割りを越えた意見交換が行われ、各省庁での動きに結びついたことが、投信法の改正や、老朽化した不動産の再生などを念頭に置いた不動産特定共同事業法改正など、重要な官民連携の具体的取組みにつながっているといえる。

3 地域金融機関による不動産ノンリコースローン供給

先に述べたように、2008～2009年にかけて、不動産ノンリコースローン供給分野において、金融危機の影響を受けた不動産ノンリコースローン証券

---

[3] 国土交通省「不動産投資市場戦略会議　最終報告」（2010年12月）

化商品(CMBS)市場の低迷(取引スプレッドの急激な拡大や流動性の低下)を背景に外資系金融機関の撤退や、メガバンクなどの戦線縮小の傾向が顕著になった。また、そうした環境のなかでも限定的にノンリコースローン供給を続けていた一部の内外金融機関でさえ、担保対象とする不動産の範囲を東京など大都市圏に所在する評価が容易な大型のオフィスビルなどに集中することで証券化市場のさらなる環境悪化にそなえる傾向が顕著となった。

その影響を大きく被ったのは、政令市などの比較的大きな地方都市や、新幹線沿線の駅前など中心市街地に位置する商業ビルに代表される地方の不動産であった。これらの不動産は、大手銀行の支店などがテナントとして入居する、いわゆる地方の一等地にある物件であり、相対的にみて安定した地域圏のテナント需要に支えられ、キャッシュフローの見込める優良な物件という評価を受けていた。そのため、東京などの大都市圏におけるノンリコースローン貸出が過当競争化して資金の出し手からみて十分な利鞘が確保できなくなるなど、環境が変化するなかで、相対的にリスクリターンのバランスがとれた条件での貸出が可能な新たなフロンティアとして、2005年頃から外資系金融機関やメガバンクなどからの注目を集めていた。

折から、地方における収益不動産評価手法の普及が進むとともに、こうした地方の収益不動産に裏付けられたノンリコースローンが証券化の対象資産として認知され始め、地方の不動産事業者の間でもノンリコースローンによる新たな資金調達が広がり、地方都市における個別の不動産からさらに進んで、エリアとしてのまちづくりに結びつくプロジェクトに活用される機運が徐々に広がりをみせ始めた。

ところが、こうした金融機関から供給されたノンリコースローンの多くは期間3年程度の短期のものであったため、金融危機の影響がピークに達した2008年以降に借換えの期限が到来するものが多く、それらローンの担保となっていた不動産のなかには、当面のテナント収入などのキャッシュフローが安定しているにもかかわらず、ローンの期限の到来とともに新たな貸し手

の消滅という状況の悪化に直面して、リファイナンスができなくなり、当初の貸し手によるローン資金の回収のため競売の対象となるなど、いわば「資金繰り倒産」同然となるものも出始めた。

　このようなファイナンス環境悪化を背景に、そうした不動産が所在するエリアで活動する地銀など地域金融機関が、既存の貸し手にかわって新たな資金の出し手として活躍することを求める声が大きくなり、地域金融機関による不動産ノンリコースローンの供給能力を強化することが課題となった。

　ところが、地方銀行などの地域金融機関のなかには、CMBS市場の創成期である1990年代の後半から証券化商品の投資家として市場に参加するものも少なくなかったが、自ら体制を整備して不動産ノンリコースローンの貸出を積極的に行ったり、ノンリコースローンを集めて証券化商品として市場で他の投資家に販売するなどの経験ノウハウを有するものはほとんどなかったといってよかった。

　証券化を前提としたノンリコースローン貸出業務を行う際には、大規模なローンのポートフォリオを形成して地域や物件タイプの分散を図るなどにより、出口商品としてのCMBSにより高い格付けを得たり、より大きな証券化プールを組成することで金融商品組成上のさまざまな固定コストの負担を軽減することが競争上有利である。しかしながら、自行の域内で対象となる不動産物件の規模や件数など地域金融機関を取り巻く環境を考えると、地域金融機関にとってノンリコースローンのレンダーとなることよりも、第三者である大手金融機関や外資系金融機関が組成したノンリコースローンの証券化商品であるCMBSの一部のクラスに対する投資家として市場に参加することのほうにビジネス上の合理性があったことがその背景であると考えられる。

　他方で、同じ金融危機を受け、金融規制当局サイドの取組みとして、証券化商品の裏付け資産にかかわる「追跡可能性（Traceability）」を確保することが重要であるとの観点から、G7からの要請を受けたFSF（Financial Stability Forum）やIOSCO（International Organization of Securities Commissions）のサブプライム・タスクフォースで議論が進められた。わが国においても、そうした議論をふまえて金融庁の金融商品取引業者向けの総合的な監督指針が改正（2008年4月）され、これを受けた日本証券業協会のワーキンググループ[4]での検討を経て、証券化商品の「原資産の内容やリスクに関する情報」を定型化・標準化するための共通の目線としての「標準情報レポーティング・フォーマット（SIRP）」が、「原資産の追跡可能性を確保するための体勢整備に関する自主規制規則」とともに、公表されていた。

　このSIRPは、証券化商品の投資家におけるリスク把握と管理を念頭に作成されたものであった。そして、その枠組みが証券化の対象となるノンリコースローンの貸出におけるリスク把握や審査にも当然応用できると考えられたことから、前述のような背景のもと、このフォーマットを活用して、これまで不動産ノンリコースローンの証券化商品に対する投資家として間接的・限定的なかかわりしか担ってこなかった地域金融機関が、外資金融機関やメガバンクにかわって、域内顧客からの安定的な預金による資金調達力を生かして、地域内の不動産に対するノンリコースローンに対する資金の出し手として、より積極的な関与を行うことを可能ならしめるための官民連携の取組みが行われた。

　これが、麻生政権時代に緊急経済対策の一環として導入された国土交通省による「地方のまちづくりに役立つノンリコースローン供給促進事業」[5]である。図表2－4に示されているように、複数の地域金融機関がSIRPに準拠した審査基準に基づく統一の枠組みで貸出を行った不動産ノンリコースローンを「街なか居住再生ファンド（the Fund for Increasing the Residential

---

4　日本証券業協会「証券化商品の販売に関するワーキンググループ」中間報告（2008年7月）および最終報告（2009年3月）
5　「地方のまちづくりに役立つノンリコースローン供給促進事業の実施及びアレンジャー募集について」（2009年4月　国土交通省報道発表資料）

図表2−4　地域金融機関によるノンリコースローン供給スキーム

```
不動産        ノンリコース    金融機関
事業    ←――ローン――    A
                            │ ↑
                    債権譲渡 ↓ │ CMBS          街なか居住
                                               再生ファンド
                                                    │
                                                    ↓
不動産        ノンリコース    金融機関   債権譲渡   証券化    CMBS発行   投資家
事業    ←――ローン――    B    ←――→   SPC      ――――→
                                     CMBS
                            │ ↑
                    債権譲渡 ↓ │ CMBS
不動産        ノンリコース    金融機関
事業    ←――ローン――    C
```

（出所）　国土交通省「地方のまちづくりに役立つノンリコースローン供給促進モデル事業の実施及びアレンジャー募集について」（2009.4）。

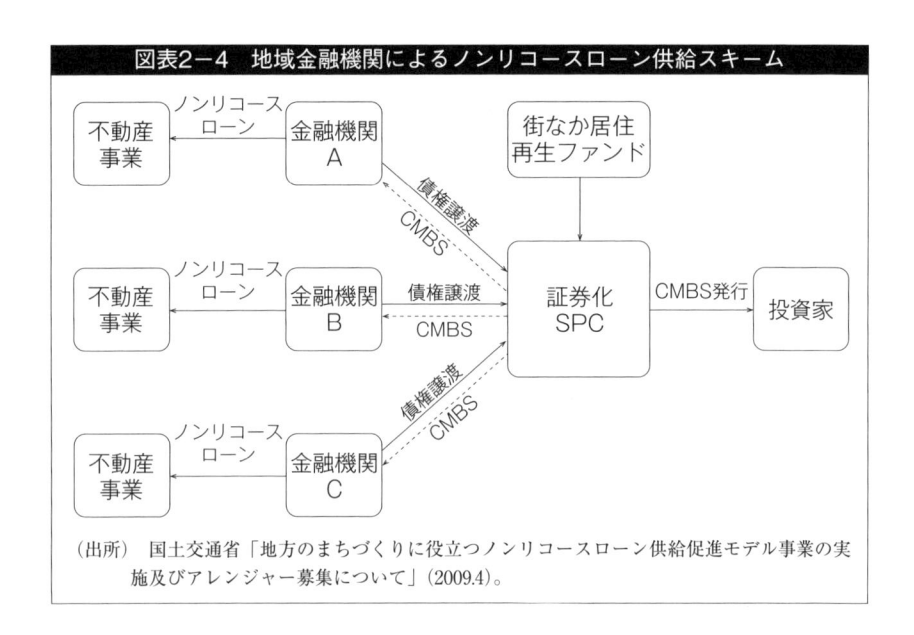

Population of City Centers)」（国交省）の劣後出資を受けて設置されるSPCを通じて一つに束ね、一つの金融商品（CMBS）化することで、地域金融機関[6]をはじめとする機関投資家に販売することにより資金調達を行い、途絶した資金循環を回復させようとするものであった。

　同事業においては、すでに公表されていたSIRPに加え、ノンリコースローン審査における条件や各種契約にかかわる手続等の標準化を進めることで、ノンリコースローンの貸出業務に新たに取り組もうとする個々の地域金融機関における初期の事務・管理負担における極小化を図ろうとする工夫がみられ、これは住宅ローン分野における住宅金融支援機構のフラット35などを

---

[6] 多数の地域金融機関がオリジネーターとなって組成したノンリコースローンをまとめたCMBSとして地域金融機関が投資することで、地域金融機関のノンリコースローンポートフォリオにおける地震リスクなどの地域偏在リスクを分散化する効果も期待された。

第2章　不動産・インフラ分野における取組みと方向性

ベースにしたRMBS事業の商業不動産版ともいってよいものであった。また、標準的な枠組みに基づいて各金融機関において組成された個々のローンを一つの大きなまとまり（プール化）にして金融商品化し、機関投資家に販売するという考え方は、欧州で広く活用され、日本国内でもその後に具体的な検討が進みつつあるカバードボンドなどにおける発想とも共通するものといえる。

　この事業自体は、金融危機対策の一環として単年度の事業となったが、ここにおける基本的な発想は、現在政府で検討が進む官民連携によって民間資金の活用を促す「官民ファンド」の考え方の先駆けであるといえ、今後の地域活性化を念頭に置いた地域金融機関の「資金の地産地消」に向けた積極的な活動を後押しする枠組み構築につながる先行的な取組みの一つとして、あらためて評価されるべきと考えられる。

4　公共インフラ分野における新たな取組み

　2011年3月に起こった東日本大震災からの復興をめぐる検討のなかで、不動産・インフラの復旧や今後の整備に関するさまざまな議論が進んでいる。そのなかで、金融システムの複線化という観点からみて重要なものに、PFIにかかわる制度の見直しとレベニュー債という新しいコンセプトに基づく金融商品の導入検討がある。

　PFIについては、特に学校や病院、空港や道路など公共インフラ分野における民間資金活用の拡大を図る観点から、これまで主としてさまざまな手続面での参加者の利便性向上に向けての取組みが進められてきた。ところが、その実施状況をみると、2008年をピークに実施件数は大幅に減少し、PFIの事業費累計は2009年度末で約3.2兆円にとどまるなど、必ずしも期待されたとおりには進捗していない。そして、その背景には、既存の間接金融機関か

図表2−5　PFIの課題

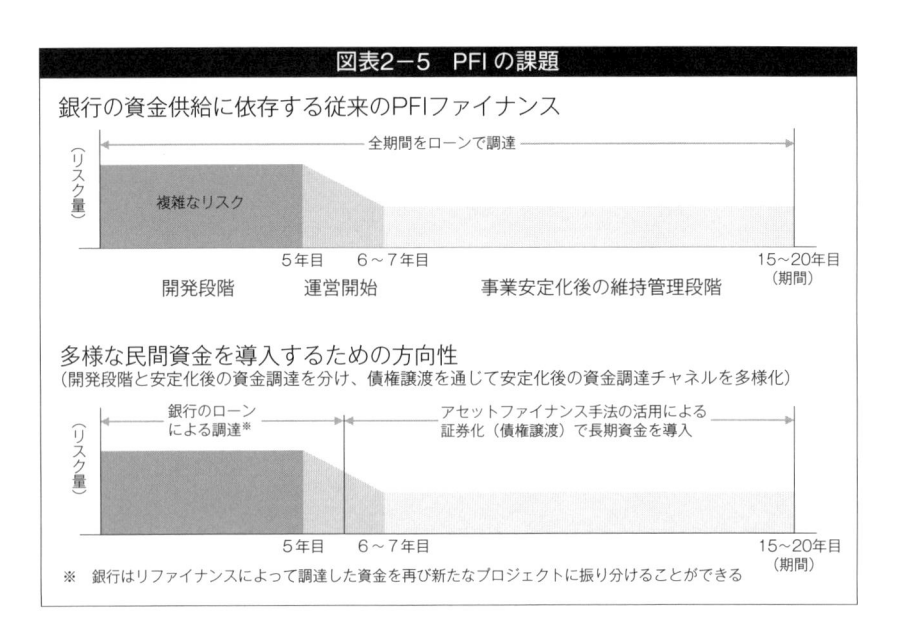

銀行の資金供給に依存する従来のPFIファイナンス

(リスク量) 複雑なリスク／全期間をローンで調達

開発段階　5年目　運営開始　6〜7年目　事業安定化後の維持管理段階　15〜20年目（期間）

多様な民間資金を導入するための方向性
（開発段階と安定化後の資金調達を分け、債権譲渡を通じて安定化後の資金調達チャネルを多様化）

(リスク量) 銀行のローンによる調達※／アセットファイナンス手法の活用による証券化（債権譲渡）で長期資金を導入

5年目　6〜7年目　15〜20年目（期間）

※　銀行はリファイナンスによって調達した資金を再び新たなプロジェクトに振り分けることができる

らの長期資金供給能力に限界があるとの指摘があり、PFI債権の譲渡促進などを通じて外部からの長期資金導入に道を開くことに向けての検討が行われている。

　具体的には、図表2−5に示されているように、長期にわたるPFIローンの全期間を同一の金融機関（銀行）からのシンジケートローンを通じた資金調達に依存する従来のやり方にかえて、開発段階と事業安定化後の二つの段階に分けて、銀行はプロジェクトの開発段階における比較的複雑なリスクを伴う部分のファイナンス組成を担当し、残存期間の長い後半部分を生命保険会社や内外の年金投資家にアセットファイナンスの手法などを活用して譲渡することで、回収を図り、資金回収の効率化を進めることができるような環境整備が検討されており、そのためのガイドラインの改正が2012年度末までに行われる見込みとなっている。

　レベニュー債については、東日本大震災の被災地復興にかかわるインフラ

第2章 不動産・インフラ分野における取組みと方向性

事業等に対し、地方自治体が100％の持分を有する公社ないし SPC が発行する利益連動債の発行が「東日本大震災の被災者等に係る国税関係法律の臨時特例に関する法律」によって新たに認められ、有料道路や公営住宅など公共インフラ事業の収益性に着目した市場からの資金調達の取組みが始まっている[7]。この分野で先行する米国では、ヤンキー・スタジアムの建設資金の調達をはじめとして、地方債の66％でレベニュー債が活用されており、こうした分野での投資経験を積んだ海外公的年金やインフラファンドからの資金流入とそうした新たな投資活動に誘発される国内の長期投資家や地域金融機関などの動きが期待されている。もとより、わが国におけるレベニュー債は、東日本大震災の被災地を対象とした特例的な試みとしてスタートしているが、これが全国に拡大されれば、自治体のインフラにかかわる資金調達と国内の地域金融機関の資金運用の双方をつなぐ手法として活用の余地が大きいと考えられる。

民間投資の枠組みを通じてインフラ事業の健全性をチェックすることはガバナンスの強化の点からも重要であり、その結果として民が担うことができるリスクがどこまでであり、公的支援がどこから必要であるかについての正確な状況把握に基づく官民の役割分担を明確にした効率的な資金供給のあり方の検討が可能になる。

5　今後の検討課題

これまでの項で、わが国の不動産・インフラ分野における資金循環構造面の課題と取組みをみてきたが、不動産・インフラ市場と金融市場を適正に結びつけるための官民一体となった構造転換に向けての戦略的な取組みが今後

---

[7] 金融庁「レベニュー債に係る税制措置のQ＆Aの公表について」（2012年5月）

図表2-6 不動産特定共同事業法の枠組み整備による不動産・インフラ再生

- 実物不動産を受け入れることが可能な証券化の仕組み
- 許可時に不動産投資に関する能力を審査した後は、事業者による機動的対応が可能
- 不動産の再生・バリューアップ事業の枠組みに活用可能

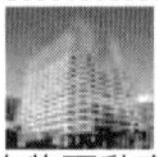

不動産特定共同事業者
他事業
(不動産事業など)

投資 → 実物不動産 ← 匿名組合出資 ← 出資 ← 事業参加者 投資家

実物不動産

〈課題と対応〉
- 不特事業と事業者の固有資産が分離されず、事業者の他業リスク(倒産等)も負うため、機関投資家が敬遠
- 許可要件に資本金(1億円)や業務管理者の設置があるほか、倒産隔離された特別目的会社による利用が不可能
- 法律改正による倒産隔離スキームの導入が求められる

とも必要であることは、議論の余地がないといえるだろう。そうした取組みのなかでも、地域金融機関の枠組みを活用して地方都市の活性化に向けた「資金の地産地消」を後押しする「地方のまちづくりに役立つノンリコースローン供給促進事業」は、今後の官民連携の枠組みづくりにおけるあり方を示す先行事例であると考えられる。

また、サブプライム問題に端を発する金融危機への経済対策や、東日本大震災からの復興対策として検討が始まった新たな街づくりに向けた民間資金供給促進へのさまざまな取組みを、一過性のものとすることなく、わが国の資金循環システムの構造変革への持続的な取組みに結びつけていく視点も重要である。

その意味で、現在検討されている「不動産特定共同事業法」の見直しによって、再生が必要な不動産・インフラ分野への民間資金流入を促進する取組み(図表2-6)などは、本書でその詳細を紹介する紙面の余裕はないが、当面

第2章 不動産・インフラ分野における取組みと方向性

は被災地の復興資金調達手法として活用されるとしても、将来にわたって全国的に対応が求められる不動産・インフラの再生ニーズに対応する持続可能な資金媒介経路を構築するための重要な枠組み整備の取組みとして位置づけられるものであり、そうした評価に基づいて後述のように今後の活用策が検討されるべきものであろう。

第3章

ふるさと投資（地域活性化小口投資）の意義と今後の方向性

1 概念と基本的な枠組み

　ふるさと投資（地域活性化小口投資）は、第１章で述べた日本型金融システムにおける間接金融部門・市場部門の外側に新たな資金媒介経路をつくりだすことにより、現在の間接金融システムのみによっては供給しえない新たなリスク・リターン・プロファイルをもった資金の流れをつくりだし、実体経済を支える金融のシステムとしての機能強化を図ろうとする新しい考え方に基づく金融スキームということができる。その基本的な概念を図表３－１に示した。
　ふるさと投資の特徴を具体的に示せば、

①金融機関のバランスシートを経由しない個人向けの小口金融商品として、個人の家計金融資産に存する「銀行などの金融機関と異なるリスク許容度特性」と「個人の志」を生かすことができる新しい資金供給チャネルであるということができる。

　銀行がいったん預金として個人から資金を預かってしまうと、預金の基本的な性格（元本保証性と有期性）から、銀行としては保守的な運用を行わざるをえないとともに、その運用期間においても預金の満期（多くの場合短期）における償還確実性を念頭に置いた短期のものを中心とせざるをえない。
　一方で、個人からの小口資金をその投資対象となる事業に直接結びつけることは、それを既存の金融機関ビジネスモデルの枠組みのなかで行おうとすると、人件費や事務コストなどの取引コストがファンドの取扱い額に比べて過大となることで、これまではビジネスとしては現実的な選択肢ではなかった。これがインターネットをはじめとするIT技術の

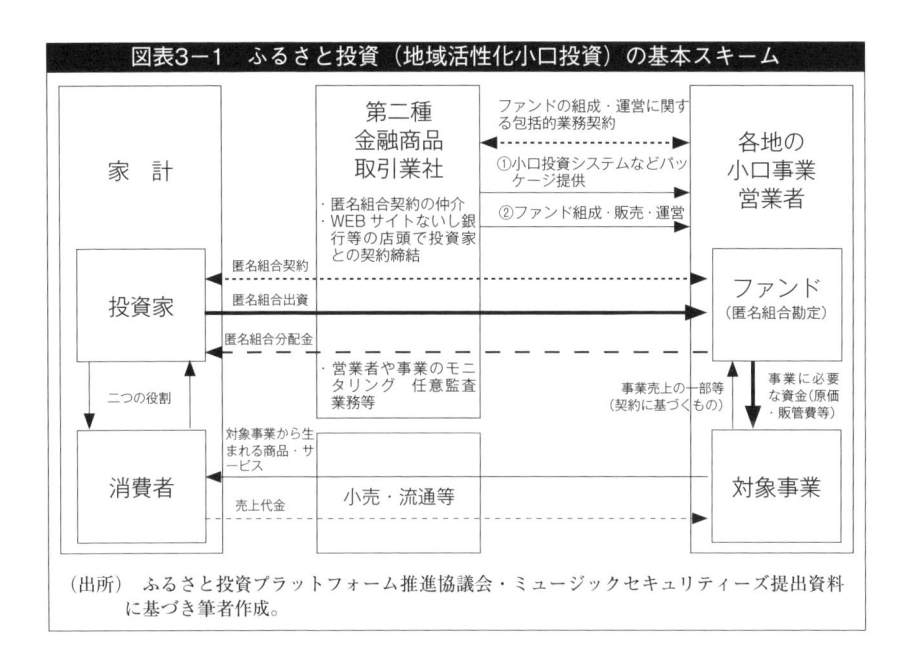

図表3-1 ふるさと投資（地域活性化小口投資）の基本スキーム

```
┌─────────┐   ┌──────────┐  ファンドの組成・運営に関  ┌─────────┐
│         │   │  第二種   │  する包括的業務契約         │  各地の  │
│ 家  計  │   │  金融商品 │ ─────────────────────────→│ 小口事業 │
│         │   │  取引業社 │  ①小口投資システムなどパッ │  営業者  │
│         │   │          │   ケージ提供                │         │
│         │   │・匿名組合契約の仲介                     │         │
│         │   │・WEBサイトないし銀 ②ファンド組成・販売・運営│       │
│         │   │ 行等の店頭で投資家                      │         │
│┌───────┐│   │ との契約締結      │           ┌───────┐│
││投資家 ││ ←匿名組合契約→ │                 │ ファンド││
││       ││ ──匿名組合出資──────────────────→│(匿名組合勘定)│
││       ││ ←─匿名組合分配金──                │       ││
│└───────┘│   │・営業者や事業のモニ│           └───┬───┘│
│   ↑↓    │   │ タリング  任意監査│  事業売上の一部等│事業に必要│
│ 二つの役割│   │ 業務等            │(契約に基づくもの)│な資金(原価│
│         │   │                  │                  │・販管費等)│
│┌───────┐│ 対象事業から生│                  ↓        │
││消費者 ││←まれる商品・サ─│                 ┌───────┐│
││       ││  ービス        │                 │対象事業││
││       ││──売上代金───→│小売・流通等     │       ││
│└───────┘│                │                 └───────┘│
└─────────┘   └──────────┘                            └─────────┘
```

（出所）　ふるさと投資プラットフォーム推進協議会・ミュージックセキュリティーズ提出資料に基づき筆者作成。

普及進展等により、電子的手法を通じて契約事務や情報開示などのプロセスを低コストで行うことが可能となり、個人の金融資産をそのリスク特性を変換することなく、資金ニーズのある事業に投資として直接結びつけることが可能になり始めている。ふるさと投資は、そのようなテクノロジーの進歩を背景にして新たに生まれたイノベイティブな金融スキームである。

②匿名組合出資の形態を活用することで、投資先事業者の経営の自立性への配慮がなされている、という大きな特徴がある。

　これは、これまでのパートナーシップへの出資や普通株の取得を通じた出資と際立った相違点といえる。投資先となる事業を営む事業者（法

人、ないし個人)の経営に参加することと同義であるこれらの出資形態(比率が高くなければ経営を左右することができる可能性は低いが)と異なり、匿名組合出資では、他の証券化取引と同じく個々の事業単位での出資が可能である。このことは、出資を受ける事業者の観点からは、経営の自立性を確保しながら資金を調達することができるという利点があるということになる。また、現時点で個人投資家の多くは会社員や公務員であり、こうした職業の多くでは本業以外の兼業が認められていない。パートナーシップへの出資は、単なる投資ではなく経営への参加との側面もあるとみなされるケースが多いことから、匿名組合出資という形態は、幅広い個人投資家層に受け入れられやすいハードルの低い投資の枠組みといえる。

③ふるさと投資（地域活性化小口投資）では、多数の個人投資家が、事業への投資を通じて当該事業との関係を継続することで、当該事業を支える消費者（ファン）に転化する場合が多いことも、他の投融資と比べた大きな特徴ということができる。

これを事業者側からみれば、ふるさと投資を通じて「資本性の資金調達と潜在的な顧客を同時に獲得することが可能」であるということになる。これについては、本書の第5章で紹介する事例研究のなかで解説を行う。

2 今後の課題

上記のような特徴をもつふるさと投資（地域活性化小口投資）であるが、わが国においてこれを本格的に普及させていくためには、対応が検討される

第3章 ふるさと投資(地域活性化小口投資)の意義と今後の方向性

べき課題も少なくない。

①ふるさと投資の株や債券などと同様の「確立した金融商品」としての認知度の向上と、それをふまえた他の金融商品と比較した税制面等におけるイコールフッティングの確保である。

　これには償還益・損に関する、株式や社債など他の金融商品との損益通算を行うことができる対象への組入れ検討などが含まれる。

②個人投資家を主たる対象とすることから、投資家保護に向けた高いレベルでの規制環境の整備が必要なことは明らかである。

　これには、個人投資家による個々のふるさと投資案件のリスク把握を容易にすることを念頭に置いた仕組みの標準化、情報開示(事業報告)にかかわる体勢の整備・標準的な開示フォーマットの検討、それらに関する第二種金融商品業協会による自主規制規則の導入検討、詐欺的取引を行おうとする悪質業者の排除・苦情の受付に関する枠組み検討などが含まれる。また、現行の匿名組合出資の枠組みのもとでは、直接の投資対象となる個々の事業を営む事業者本体の経営リスクと「対象事業」のリスクを厳密に切り離すことがむずかしいことから、ファンド組成にあたっては、資金の目的外流出の防止や、事業主体における偶発債務への対応に関する分野を中心とした法制度における不断の見直しが中長期的な課題になると思われ、短期的には信託口座の活用やデューデリジェンスの向上など運用実務面での工夫を行っていくことも大切である。
　そうした投資家保護に向けての環境整備とともに、

③個人投資家の利便性向上や投資による効果の明確化についても合わせて検討されるべきであろう。

具体的には、先に述べた損益通算の対象への組入れのほか、高齢者や富裕層などのうち、インターネットへのなじみの低い個人投資家に配慮した対応、具体的には銀行など金融機関の店頭などでのファンドの申込受付に向けての環境整備、地方自治体の認定する地域活性化に役立つ特定の事業を対象とした税制面での優遇措置の導入（たとえば、将来損失が発生した場合に、損失額の一定部分を地方税からの還付で補うことのできる制度の創出。「ふるさと納税」制度との連動）によって地域の事業に地域住民や地域出身者の志ある資金を役立てる「資金の地産地消」を誘導するなどの工夫が考えられる。さらに、志ある資金が実際にどのような投資効果をもたらしたのかを明確に測定・評価する必要もある。その際、第6章で考察されるダブル・ボトムラインの発想は有益な示唆を与えるものと考えられる。

④ふるさと投資を利用する事業者サイドのメリットを向上させる工夫も「ふるさと投資」に優良案件をソーシングするという観点からは重要である。

この点に関しては、すでに東日本大震災の被災地等を念頭に置いた金融庁による金融検査マニュアルの改訂により、一定の条件を満たす匿名組合出資金の劣後資本への組入れが、手当てされているが、さらに、特に被災地の事業者向けに組成された「投資と寄付を組み合わせた小口ファンド」（第5章で詳述する「被災地応援ファンド」など）における寄付金相当部分の税制上の取扱いの見直し（現状は事業者レベルで益金参入と

第3章　ふるさと投資（地域活性化小口投資）の意義と今後の方向性

なり課税対象と認識）など、志をそのまま生かすことのできるきめ細かな制度設計の工夫が検討されるべきであろう。
　また、今後の全国的な制度の普及に向けては、

⑤地域金融機関などを含む優良な新規業者参入促進に向けた取組み、特に地域金融機関の目利き能力向上によって地域ごとの有望な投資対象事業をふるさと投資にソーシングしていくことが重要である。

　その意味でリレーションシップバンキングなどのプログラムとの連動による政策面での支援なども検討されるべきであろう。
　そうした、さまざまな取組みを進めるなかで、日本発の金融産業クラスターとしてのふるさと投資（地域活性化小口投資）ビジネスが拡大することが期待される。

3　小口事業投資からインフラファイナンスへの活用可能性

　これまで、匿名組合出資形式による、個人投資家による直接出資のスキームとしてのふるさと投資（地域活性化小口投資）について、基本的な考え方と将来に向けての検討課題を整理してきたが、将来の展開を見渡せば、ふるさと投資は必ずしも小口の事業投資だけにその対象を限定すべきものではないだろう。
　たとえば、5章以降で紹介されるさまざまな事業投資の事例のなかで、酒蔵ファンドにおいて、匿名組合出資で集められた資金は、原料である酒米の購入に充てられるというのがこれまでの例であった。ところが、被災地の酒蔵の状況を調べると、酒蔵の建屋が損壊した事例などで、集められた資金を原材料の購入に振り向けるだけでは操業開始（再開）には十分とはいえず、

第 3 章 ふるさと投資（地域活性化小口投資）の意義と今後の方向性

同時に簡易な建屋などを再建してはじめて、事業の開始ができるケースが多いことがわかった。現状の匿名組合の枠組みでこうした複合的な資金ニーズに対応することはできないのが現実である。

こうしたニーズへの取組みとして、単純な事業への投資（出資）に加えて、「事業と工場設備などの施設や不動産の組み合わせ」への投資（出資）が可能となるスキームの検討が今後は有効であると考えられる。その際、第 2 章でも述べた不動産特定共同事業法の枠組みを活用していくことが有効であろう。その発展型として不動産特定共同事業法のSPCの枠組みが、地域の小規模なインフラ・プロジェクトへの個人投資家による直接投資（出資）スキームとして活用されるようになれば、エクイティは地方自治体、劣後出資（メザニン）は個人投資家、シニアデットの提供は地域金融機関が行うなどという役割分担のもと、それぞれの特性を生かした地域内での資金循環構造の流れを創造することも可能であると考えられる。

第4章

一般社団法人第二種金融商品取引業協会の今後の取組み

HIT
Hometown Investment Trust

1 二種業協会について

(1) 一般社団法人第二種金融商品取引業協会（以下、「二種業協会」という）の設立

2007年9月、それまでの証券取引法（以下、「証取法」という）を改正する形で、金融商品取引法（以下、「金商法」という）が施行された。これは、わが国の金融・資本市場を取り巻く環境変化に対応するため、①包括的・横断的な利用者保護ルールの整備、②市場の公正性・透明性の向上、③国際市場としての魅力を高めるという観点から、規制対象商品の拡大、規制対象業務の横断化、業務内容に応じた参入規制の柔軟化、業者が遵守すべき行為規制の整備、顧客の属性に応じた行為規制の柔軟化、などが実施された。これにより、金商法では、それまで利用者保護法制の対象とされていなかった「すき間」を埋める観点から、本章との関係でいうと、新たに、集団投資スキームの包括的な定義規定（金商法2条2項5号および6号）が設けられた。

一方、金商法の改正前から、証取法をはじめとする各業法において自主規制機関に関する規制が行われていたが、金商法では、投資者保護のための横断的な法制の整備の一環として、新たに「金融商品取引業協会」に関する規制が設けられた。しかしながら、これまでの自主規制機関ではカバーされていない自主規制の「すき間」が生じることとなったため、この問題を解決するため、金商法の施行の直前、日本証券業協会、金融先物取引業協会、日本商品投資販売業協会[1]、日本証券投資顧問業協会および投資信託協会は、「金融商品取引業協会のあり方について（中間論点整理）」（金融商品取引業協会懇談会　2007年6月22日）を取りまとめ、各協会の自主規制の範囲を確認する

---

[1] 日本商品投資販売業協会は、2011年2月末に解散した。

第4章　一般社団法人第二種金融商品取引業協会の今後の取組み

とともに、それまで自主規制の対象とされていなかった金融商品・取引について、自主規制の整備の検討が委ねられた。

その結果、金商法のもと、自主規制の対象とされていない、いわゆる「自主規制のすき間」の業種のうち、集団投資スキームの自己募集業（2条8項7号　ヘ）および信託受益権販売業については、日本証券業協会において検討機関を設け、「自主規制の隙間」の業種についての望ましいカバーの方法について、慎重な検討を進めていくことが適当である」とされた（そのほかにも「自主規制のすき間」の業種は存在したが、本章とは直接の関係がないため言及していない）。

中間論点整理を受けて、日本証券業協会では、「第二種金融商品取引業の自主規制に向けて（論点整理）」（2010年3月16日）を取りまとめ、第二種金融商品取引業のうち、金商法上の自主規制が存在していない、いわゆるファンドの自己募集業（募集の取扱い等を含む）および信託受益権販売業については自主規制機関を設立することとされた。

その後、二種業協会が、同年11月1日付で、正会員24社をもって設立され、今日に至っている。さらに、翌年の2011年6月30日付けで、金融庁より、金商法78条1項の規定に基づき、認定金融商品取引業協会として認定を得て、金商法上の自主規制機関となり、今日に至っている。

(2)　二種業協会の業務

二種業協会は、第二種金融商品取引業のうち、いわゆるファンドの自己募集その他の取引等[2]についての金商法上の自主規制機関として、投資者の保護、業界の適正な業務を通じて国民経済の健全な発展に寄与すべく諸活動を行っている。具体的には、定款、定款施行規則および業務規程に基づき、以

---

[2] 具体的には、自己募集（金商法2条8項7号に掲げる行為（同号のヘおよびトに掲げる有価証券に限る））およびみなし有価証券（金商法2条2項の規定により有価証券とみなされる同号各号に掲げる権利）についての売買その他の取引等である。

下の自主規制規則を制定して、正会員に対する規制の枠組みを定めている。
　①広告等の表示及び景品類の提供に関する規則
　②投資勧誘及び顧客管理等に関する規則
　③第二種業内部管理統括責任者等に関する規則及びその細則
　④正会員の処分等に関する規則
　⑤監査規則
　⑥苦情処理規則
　⑦反社会的勢力との関係遮断に関する規則
　⑧個人情報の保護に関する指針
　また、二種業協会のガバナンスとしては、理事会のもとに政策委員会および規律委員会を設置し、さらに政策委員会の下には、自主規制規則に関する検討会合および研修制度に関する検討会合を設けており、適切かつ円滑な業務運営に努めているところである。
　自主規制に加えて、正会員に対しては、教育研修（自主規制規則上求められている内部管理統括責任者研修、営業責任者研修、内部管理責任者研修、反社会的勢力の排除の支援のための研修および正会員のニーズに応じた各種の研修）の実施、コンプライアンス等に関する社内の自己点検への支援、コンプライアンス相談室および税務相談室の運営、規制緩和等に対する要望への取組み、HP上での正会員ロゴの掲載などによる営業活動支援など、二種業全般についての業務支援的活動も行っている。加えて、HP上で、主に一般投資者向けに、自己募集その他の取引等に関する知識の普及・啓発を行っているところであり、今後もさらなる取組みを行って行きたいと考えている。

2　ふるさと投資に対する協会の取組み

　2012年8月、内閣官房地域活性化統合事務局では、「ふるさと投資プラッ

第4章　一般社団法人第二種金融商品取引業協会の今後の取組み

トフォーム推進協議会」（以下、「協議会」という）を設置した。これは、成長マネーの供給拡大策の一つとして、家計の志を生かした新たな資金の流れの形成ならびにわが国経済の活性化に向けて、ふるさと投資（地域活性化小口投資）を促進するため、匿名組合契約方式などの手法による投資ファンドの組成を後押しし、「ふるさと投資プラットフォーム」を構築することにより、関係者間のネットワーク形成を図ること等を目的とするものとされている。

二種業協会では、この協議会における検討に参画し、自主規制機関としての立場から、ふるさと投資を取り扱う二種業者の適切な投資勧誘のあり方および投資者保護をいかに図っていくか、といった観点から、いくつかの留意されるべき事項の指摘を行い、報告書にも盛り込まれたところである。

以下に、その概要を説明するとともに、二種業協会としての果たすべき役割について説明することとする。

(1) ふるさと投資に対する留意されるべき事項

a　匿名組合契約の特徴

協議会で議論されたふるさと投資の仕組みとは、おもに個別の事業に投資をするかたちで出資を募る匿名組合契約であり、その法的な枠組みとしては、商法535～542条までの規定および金商法2条2項をはじめとするみなし有価証券に関する規定となっている。この匿名組合契約は、基本的に、営業者（事業者）と匿名組合員（投資者）との1対1の契約であり、一般に事業の終了までは解約や換金・譲渡ができないこと、また、匿名組合員（投資者）の権利は、株式や債券、投資信託などの他の金融商品と法的な枠組みがまったく異なっていること、などが大きな特徴である。また、匿名組合契約は、広く流通している金融商品ではないことから、一般の投資者にとってもなじみが薄いものと考えられる。

b　法令等遵守の必要性

金商法上、みなし有価証券について、募集や私募の取扱いを業務として行

うことが可能なのは、第二種金融商品取引業者（以下、「二種業者」という）である。現在、二種業者は、約1,300社が金融庁（財務局）に登録されているが、すべての二種業者がみなし有価証券の取扱いを行っているわけではなく、また、精通しているわけでもない。とりわけ、近年、証券取引等監視委員会や財務局による二種業者への検査の結果、行政処分も数多く見受けられ、なかには業務停止や登録取消しとなる重い処分も見受けられる[3]。このため、二種業者は、法令等の違反行為を起こすことのないよう、法令等にのっとった適切な投資勧誘・販売行為が求められている。

c 啓発活動の実施

一般の投資者にとっては、匿名組合契約をはじめとする契約書類についてのなじみが薄い。このため、契約の内容について、平易に説明した解説資料を作成し、契約書にはどのような内容（事業の具体的内容、事業のリスク、など）が盛り込まれているか、また、どのような点に留意する必要があるか、などを啓発する仕組みが必要と考えられる。あわせて、金商法上の規定により二種業者は契約締結前交付書面等を顧客に交付することとされているが、その書面のどのような点に留意して内容を確認する必要があるか、などについても啓発が必要と考えられる。

(2) ふるさと投資に対する二種業協会の当面の取組み

二種業協会としては、前記(1)の問題認識のもと、営業者（投資家から提供される資金に基づき事業を行う者）、投資者（営業者の行う事業に賛同して資金を提供する者）、そして二種業者（営業者の行う事業について、必要な資料を用意して、投資者にその内容、リスクを説明して勧誘をする者。場合によっては二種業者と一緒に勧誘する販売金融機関もありうる）の三者の関係を念頭において、

---

[3] 金融庁HP「ファンド販売業者に対する検査結果」（http://www.fsa.go.jp/sesc/news/c_2010/2010/20101019.pdf）および（http://www.fsa.go.jp/status/s_jirei/kouhyou.html）を参照。

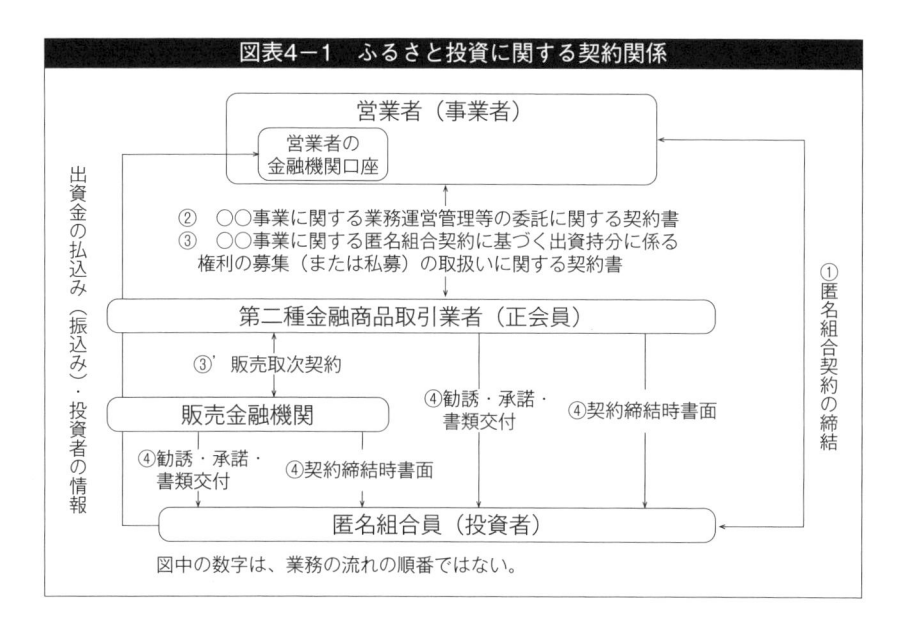

第4章　一般社団法人第二種金融商品取引業協会の今後の取組み

図表4−1　ふるさと投資に関する契約関係

```
                    営業者（事業者）
                   ┌──────────┐
                   │ 営業者の      │
                   │ 金融機関口座  │
                   └──────────┘
         ②　○○事業に関する業務運営管理等の委託に関する契約書
         ③　○○事業に関する匿名組合契約に基づく出資持分に係る
            権利の募集（または私募）の取扱いに関する契約書

          第二種金融商品取引業者（正会員）

              ③'販売取次契約        ④勧誘・承諾・      ④契約締結時書面
                                    書類交付
            販売金融機関

         ④勧誘・承諾・    ④契約締結時書面
         書類交付

                   匿名組合員（投資者）
```

左側：出資金の払込み（振込み）・投資者の情報
右側：①匿名組合契約の締結

図中の数字は、業務の流れの順番ではない。

どのような取組みが求められているか、検討する必要があると認識している。

　営業者にとっては、いかにして円滑に資金調達を行い事業を開始することができるか、また、投資者にとっては、いかにして事業の内容に納得して投資を行うことができるか、そして二種業者にとっては、いかにして投資者のニーズにあうような事業を行う営業者を見つけ出し、また、投資者に適切かつ円滑に勧誘・販売を実施することができるか、という視点が重要であると考えている。

　このため、二種業協会としては、①匿名組合契約書、②○○事業に関する業務運営管理等の委託に関する契約書、③匿名組合契約の募集（または私募）の取扱いに関する契約書、④契約締結前交付書面および契約締結時交付書面、⑤営業者の事業報告書など、匿名組合員（投資者）に定期的に報告されるその他の書面、のそれぞれについてひな型（モデル）を整備することとした（図表4−1）。以下に、それぞれの書面の概要について説明を行う。

① 匿名組合契約書

　営業者（事業者）と匿名組合員（投資者）との間で締結する契約である。投資対象となる事業内容の説明、出資の払込み、払込先口座、契約期間、出資金の資金使途の制限、分別管理の実施、決算、利益分配、会計書類の作成・保存、営業者の報酬、などについて規定されるものである。

② ○○事業に関する業務運営管理等の委託に関する契約書

　営業者（事業者）と二種業者との間で締結する契約である。委託する内容としては、匿名組合契約の組成に関する業務、事業評価等に関する業務、事業報告書および決算書の作成に関する業務、帳簿書類等の確認に関する業務、分配金（償還金）の明細書作成に関する事務、匿名組合員への対応等に関する事務、などについて規定されるものである。

③ 匿名組合契約の募集（または、私募）の取扱いに関する契約書

　営業者（事業者）と二種業者との間で、募集（または、私募）の取扱いに関する業務、などについて規定される契約である。また、二種業者の他に募集（または、私募）の取扱いにかかわる他の二種業者または登録金融機関がある場合に備え、別途、そのための契約書（③′）も整備する。

④ 契約締結前交付書面および契約締結時交付書面

　いずれの書面も、金商法上、二種業者を含む金融商品取引業者等が顧客に対して交付しなければならない書面である。契約締結前交付書面は金融商品取引契約を締結しようとするときに、あらかじめ、顧客に対して交付しなければならず（37条の3）、また、金融商品取引契約が成立したときは、遅滞なく、契約締結時交付書面を交付しなければならない（37条の4）。

　両書面については、内閣府令等でその記載されるべき事項が規定されているが、二種業協会として、記載事項にのっとって、ひな型（モデル）を整備する。

⑤ 営業者の事業報告書など、その他の書面

第4章　一般社団法人第二種金融商品取引業協会の今後の取組み

　　商法539条では、営業者の貸借対象表の閲覧等について規定されている。この法律上の要請および匿名組合員（投資者）に対するディスクロージャーの必要性などにかんがみて、営業者の事業報告書等の所要の業務報告に関する書類を整備する。

　二種業協会では、前記の各種ひな型を作成した後は、ふるさと投資に関心のある正会員にこれらのひな型を提供する予定である。正会員がこれらのひな型を用いることで、円滑かつタイムリーに匿名組合の組成に取り組み、ふるさと投資の事業がスムーズに開始されることが期待できる。また、匿名組合員（投資者）に対しても、二種業協会の作成した書面が活用されることで、投資勧誘を受けた際にも、投資内容の確認ができること、そして、事業の事業報告や利益分配などの方法が明示されることで、一定の信頼感や安心感を提供したいと考えている。

　また、これらの各種ひな型では、事業の内容などによっては、これをそのまま利用できない場合も当然のことながらありうると考える。正会員は、営業者の行う予定の個別の事業それぞれの実情やリスクなどを総合的に勘案して、現実に即した書面を作成していく必要がある。二種業協会としては、正会員が実際に各種書面を作成していくうえで、その留意点などについて、今後、実務研修会を開催し、支援する予定である。ふるさと投資に関心のある二種業者で二種業協会への入会を検討される場合には、個別に、お問い合わせをいただきたい。

　また、一般投資者向けには、協会のHPにおいて、これらの各種書面を念頭において、一般的な匿名組合契約書や契約締結前交付書面の読み方・留意点について、啓発を図るための資料掲載を行う予定である。

(3) ふるさと投資プラットフォームとの連携

　今後、内閣官房地域活性化統合事務局では、「ふるさと投資プラットフォーム」のHPを立ち上げることとされており、二種業協会としても、積極的に、その立上げに参画し、その運営に連携・協力をしていくこととしている。今後、ふるさと投資に携わる二種業者が増加して、ふるさと投資の裾野が着実に広がっていくことを期待している。

　「ふるさと投資プラットフォーム」との連携・協力の具体的内容については、現時点では未確定な部分が多いものの、たとえば、プラットフォームとリンクすることで、二種業協会の正会員が取り扱うふるさと投資の事例などを紹介する、といったことが考えられる。

(4) 二種業協会としての今後の課題

　「ふるさと投資プラットフォーム推進協議会」取りまとめ資料にも記載されているとおり、ふるさと投資の投資促進のためには、継続した関係者との協議を通じて必要な施策を検討すること、また、税制・金融・財政上の支援措置および規制の特例措置の活用などが望まれている。このため、二種業協会としても、これらの施策の推進に向けて、積極的に関与し協力をしていきたいと考えている。

　また、二種業協会は、直接的には、正会員である二種業者に対して前記(2)のような取組みを行うとともに自主規制を働かせていくということになる。一方で、二種業協会としては、実際に事業を行う営業者（事業者）に対しても、正会員を通じた支援体制をつくっていくことが必要と考えていることから、その支援体制のあり方についても、検討をしていきたいと考えている。

第5章

ふるさと投資の事例

HIT
Hometown Investment Trust

1 はじめに

　筆者が創業したミュージックセキュリティーズ株式会社は、2000年の創業以来、94社のための179本のファンドを組成してきた。当社は、「もっと自由な音楽を。」をモットーに、ミュージシャンがファンドを活用することで経済的にインディペンデントになり、音楽の制作活動も自由にインディペンデントにできることを目指して始めた会社である。多くのファンの方々が、ミュージシャンの音楽に共感することで、小口の資金を出してくださり、それがファンドとなり、ミュージシャンの活動を支える仕組みをつくりたいと考えたのである。当社のすべてのファンドは、「ふるさと投資」と同様の匿名組合契約による出資形態である。

　音楽以外のファンドに広げていくきっかけは、純米酒ファンドの組成であった。このファンドは、日本酒の酒蔵が純米酒をつくりたい、さらに数年熟成させたいというこだわりに応えるためのファンドである。そこで酒造りへのこだわりを知り、日本中の各地の伝統的な産業において、物づくりをしている方々はミュージシャンと同じようにアーティストであると実感したのである。アーティスト的なこだわりは、共感を生み、ファンがいるはずである。ファンがいるのであれば、いままでのファンドの仕組みを活用して、あらゆる事業にこの投資の仕組みを提供できる考えたのである。

　本章では、そのようにして広がったファンドの具体的な事例を紹介する。

2 事例の概況および個別紹介

　図表5－1、図表5－2は、おもなファンドの事業分野およびファンド募集総額について示したものである。これからもわかるように、「ふるさ

第5章 ふるさと投資の事例

図表5−1 おもな事業分野ごとのファンド概況

事業分野	ファンド数	1件当り ファンド募集総額	事業内容
音　楽	65件	50〜7,739万円	音楽CD制作・販売
純米酒の酒蔵	25件	440〜3,335万円	純米酒製造・販売
開発途上国支援	6件	2,850〜5,292万円	海外のマイクロファイナンス機関向け
農林業	14件	888〜4,940万円	お米の生産・販売、放牧豚の飼育、森林の施業・木材販売
スポーツ	1本	5,296万円	Jリーグチーム運営
被災地応援	39本	700万〜1億円	被災地の復興

図表5−2 事業分野ごとの事業者数

分　野	事業者数	分　野	事業者数
食品・飲食店	**36**	**アパレルなど**	**7**
水産加工	19	アパレル	3
飲食店	12	タオル製造	1
しょうゆ	1	雑貨店	1
和菓子	1	工　芸	1
酢	1	木工家具	1
製　麺	1	音　楽	1
製　茶	1	マイクロファイナンス・その他	17
お　酒	**20**	アプリ	7
日本酒	19	マイクロファイナンス	3
ビール	1	再生可能エネルギー	2
農業など第一産業	**13**	スポーツ	1
農　業	6	教　育	1
林　業	3	塗　料	1
漁　業	2	観　光	1
畜　産	2	造　船	1
		事 業 者 数 総 計	94

と投資」はさまざまな事業分野、募集総額も数十万から数億円の多様な金額販売で活用されてきている。

一方、そうした多様な事業分野において「ふるさと投資」を活用する事業者に対して出資を行ってきた出資者のプロフィールは、以下のようになっている。

図表5－3、図表5－4の示すとおり、出資者は幅広い年代に広がってきている。これは特に最近の傾向であり、2011年にセキュリテ被災地応援ファンドの募集を開始して以降、50代・60代以降の出資者も拡大し、約半数を占めるようになってきている。性別に関しては、男性の方がやや多い傾向となっている。居住地に関しては、インターネットで購入が可能なため、全国の人口分布とほぼ変わらない傾向となっているが、セキュリテ被災地応援ファンドの本数および調達額の占める割合が大き

図表5－3　出資者の年代・性別分布

年代	男性(%)	女性(%)	合計(%)
20代	3	1	4
30代	15	8	23
40代	16	11	27
50代	13	9	23
60代以上	16	7	23
合計	62	38	100

図表5－4　出資者の居住地分布

地域	割合(%)	地域	割合(%)	地域	割合(%)
北海道	5.31	石川県	0.66	岡山県	1.43
青森県	0.65	福井県	0.39	広島県	1.37
岩手県	0.94	山梨県	0.41	山口県	0.66
宮城県	3.25	長野県	1.05	徳島県	0.32
秋田県	0.51	岐阜県	1.17	香川県	0.52
山形県	0.56	静岡県	1.99	愛媛県	0.54
福島県	0.73	愛知県	5.27	高知県	0.32
茨城県	1.70	三重県	0.94	福岡県	2.74
栃木県	0.98	滋賀県	0.88	佐賀県	0.27
群馬県	0.95	京都府	2.04	長崎県	0.47
埼玉県	6.00	大阪府	7.22	熊本県	0.60
千葉県	5.45	兵庫県	4.12	大分県	0.49
東京都	22.03	奈良県	0.89	宮崎県	0.41
神奈川県	9.49	和歌山県	0.46	鹿児島県	0.56
新潟県	0.79	鳥取県	0.38	沖縄県	0.70
富山県	0.59	島根県	0.34	海外	0.46

第5章 ふるさと投資の事例

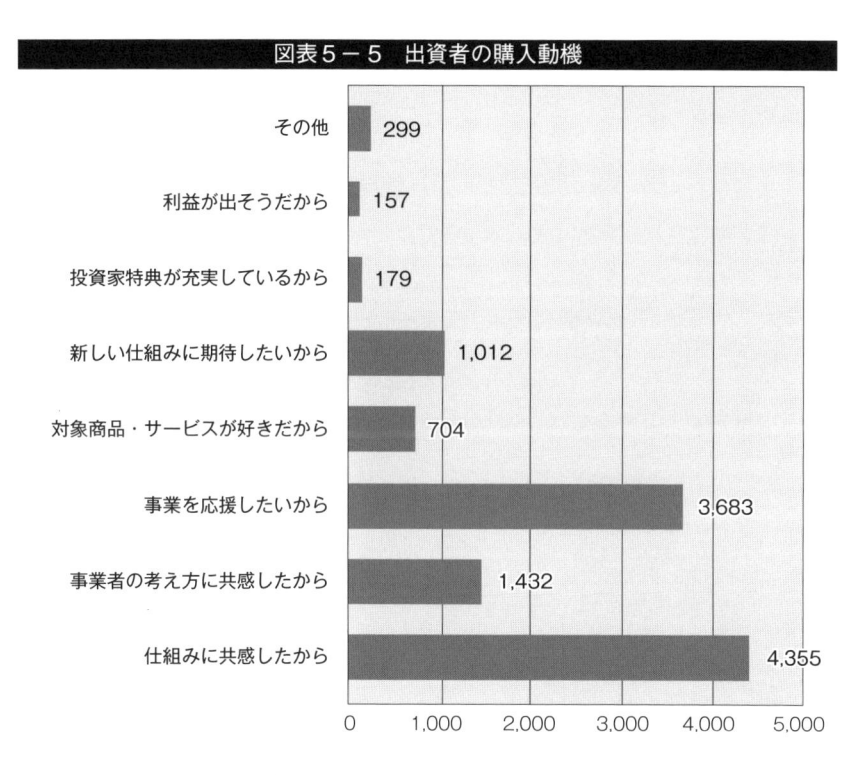

図表5-5 出資者の購入動機

- その他 299
- 利益が出そうだから 157
- 投資家特典が充実しているから 179
- 新しい仕組みに期待したいから 1,012
- 対象商品・サービスが好きだから 704
- 事業を応援したいから 3,683
- 事業者の考え方に共感したから 1,432
- 仕組みに共感したから 4,355

いため、その地域の出資者である宮城県の出資者が多いという傾向は出ている。

　図表5-5については、ファンド購入動機であるが、他金融商品とは異なる動機となっており、「利益」よりも「応援」や「共感」といった動機が大きく上回っている。この点が、「ふるさと投資」の一つの象徴でもあると考えられる。

　以上、「ふるさと投資」を活用する事業者および出資者の全体像をご紹介してきたが、これからは、日本酒、製麺（セキュリテ被災地応援ファンド）、林業、タオル、プロスポーツ、音楽という事業分野のケーススタディとして、主にふるさと投資の効果や今後の課題について紹介を行っていく。

55

事例 ① 奥播磨ファンド

① 事業分野

日本酒製造・販売

② 事業の概要

❶ 事業者紹介
- 株式会社下村酒造店
  (創業明治17年、兵庫県姫路市、以下、下村酒造)
- 伝統的な手造りでの製法で純米酒のみを製造する酒蔵

❷ ファンド対象事業内容
- 地元兵庫県の酒造好適米「兵庫夢錦」を100%使用した純米酒「奥播磨」の製造・販売を行っている。
- ファンドで調達した資金は、酒造好適米の購入資金に使用。
- 製造した純米酒は蔵で2年間熟成させたのちに8カ月間かけて酒販店等を通じて販売。
- 販売売上代金の一部を出資者へ分配。

③ ファンドの概要

ファンド募集金額	660万円
1口金額	5万円
募集期間	2008年12月19日〜2009年3月31日
運営期間	2009年1月1日〜2011年12月31日
出資特典	①対象銘柄純米酒の贈呈(1口につき計4回、合計約3升分) 　第1回:本件純米酒300ml×3本(おりがらみ、しぼりたて、にごり酒のセット) 　第2回:本件純米酒720ml×2本(ひやおろし) 　第3回:本件純米酒720ml×2本(1年熟成) 　第4回:本件純米酒720ml×2本(2年熟成) ②蔵見学会への参加(交通費・宿泊費等は参加者負担)
償還結果	107.27%(1口 53,635円)

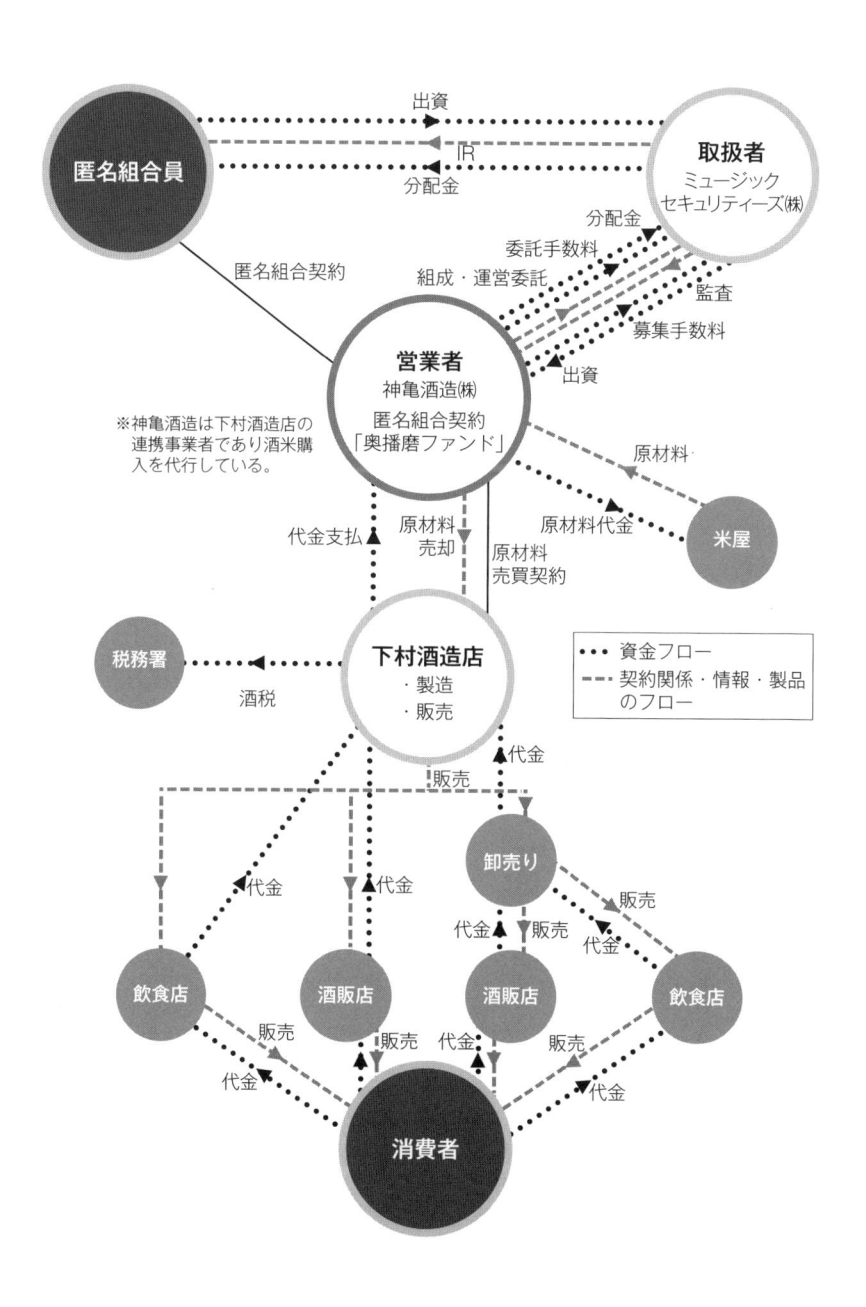

第 5 章 ふるさと投資の事例

事例 ① 奥播磨ファンド

④ ふるさと投資の効果

❶ 課　題

　金融機関からは酒米購入代金については１年間の短期借入しか行うことができず、地元の地元の酒造好適米の良さを活かした長期熟成酒の製造を行うことができなかった。

❷ 解決方法

　地域資源を最も活かした製品の仕入と販売の時期に合わせ、長期で一括返済が可能な資金を「ふるさと投資」を通じて調達。

　長期熟成酒の製造が実現、2009年に製造した純米酒は2011年から発売を開始し、酒販店や消費者からの評価も高まり、2011年の売上は前年比108％を達成。

⑤ 投資家の特徴

- 30代・40代の男性が７割以上を占め、首都圏の出資者が多い。
- 日本酒や酒蔵を応援する購入動機が８割以上を占める。

❶ 性別と年代　　　単位（％）

年　代	男　性	女　性	合　計
20代	3	0	3
30代	34	2	36
40代	37	4	41
50代	12	1	13
60代以上	6	1	7
合　計	92	8	100

❷ 地　域　　　単位（％）

地　域	割　合
北海道・東北	5
関東	63
中部	9
近畿	20
中国	1
四国	1
九州・沖縄	1
合　計	100

第5章　ふるさと投資の事例

❸ 購入動機

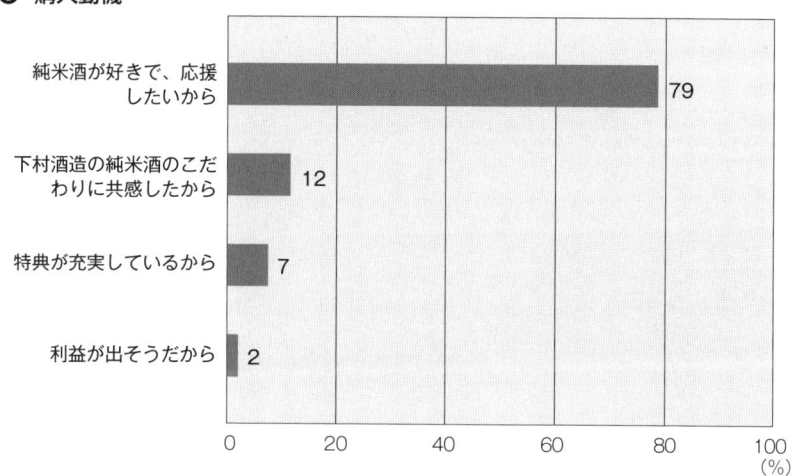

- 純米酒が好きで、応援したいから: 79
- 下村酒造の純米酒のこだわりに共感したから: 12
- 特典が充実しているから: 7
- 利益が出そうだから: 2

(%)

❻ 今後の課題

　下村酒造店はこの長期熟成酒の製造量を最適な規模まで拡大していく方針であり、2008年より毎年ファンドを募集し、以下のとおりその募集額を拡大してきている。

▶ 下村酒造店のファンド募集額の推移
　2008年：660万円、2009年：1,000万円、2010年：1,560万円、2011年：1,250万円（分割募集したファンド総額）、2012年：2,490万円
　こうした高付加価値型の商品づくりを行ったうえで徐々に最適な量まで規模を拡大していくという事業の展開は他業種でも起こりうることである。下村酒造店では、今後も募集額の拡大の必要性を見込んでおり、今後は、現在の出資者層である特定の純米酒ファンに加えた新たな出資者層の拡大が課題である。
　一つの施策として、地域の個人の方々に向けて地域金融機関等にて本ファンドの販売を行うことは、新たに出資者層拡大の施策として有効であると考えられる。長期熟成酒の販売額が増えれば収益性が高まり、地元の米農家の酒造好適米の安定した購入やより高い価格での購入につながる。こうした地域の経済へのつながりと効果をわかりやすく伝えていければ地域の方々へファンドへの参加を促す可能性はあるであろう。

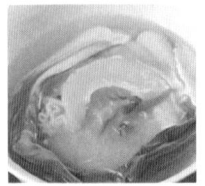

事例 ② 丸光食品ファンド（セキュリテ被災地応援ファンド）

❶ 事業分野

製　麺

❷ 事業の概要

❶ 事業者紹介
- 株式会社丸光製麺
  （創業昭和 33 年、宮城県気仙沼市、以下、丸光製麺）
- うどん・そばを中心にやきそばやラーメンなどを製造する気仙沼市で唯一の製麺業を行っている。

❷ ファンド対象事業内容
- 会社で取り扱ううどん・そば・ラーメンを中心としたすべての製品の製造・販売。
- ファンドで調達した資金は、東日本大震災後に再建した製造工場の設備や材料の調達費に使用。
- 当該工場が稼働してから 9 年 4 カ月間の製品の売上の一部を出資者へ分配。
- 事業再建の足固めのため最初の 3 年間は無分配期間として分配対象期間にはしていない。

❸ ファンドの概要

ファンド募集金額	8,000 万円（出資金 4,000 万円、応援金 4,000 万円）
1 口金額	1 万円（出資金 5,000 円、応援金 5,000 円）
募集期間	2011 年 4 月 25 日～ 2013 年 3 月 31 日
運営期間	2013 年 1 月 1 日～ 2022 年 4 月 30 日
出資特典	①初回出荷商品の出資者限定特別先行販売 ② 1 口または 2 口お申込みの方にもれなく丸光食品の定番「丸光の麺 3 点セット」を贈呈 　「丸光の麺 3 点セット」内容：天ぷらうどん、天ぷらそば、気仙沼焼きそばまたはうどん屋さんのはっと ③ 3 口以上お申込みの方にもれなく丸光食品こだわりの「気仙沼麺セット」を贈呈 　「気仙沼麺セット」内容：気仙沼海鮮ふかひれ生ラーメン、気仙沼焼きそば、気仙沼ラーメン、天ぷらうどん ④新工場の落成式ご招待（渡航費・宿泊費・食費等は参加者負担） ⑤新工場見学（渡航費・宿泊費・食費等は参加者負担） ⑥製品の割引購入（営業者が運営するオンラインショップご利用時のみ適用） 　割引率：1 ～ 10 口（5％）、11 ～ 50 口（10％）、51 ～ 99 口（15％）、100 口（20％）

第5章　ふるさと投資の事例

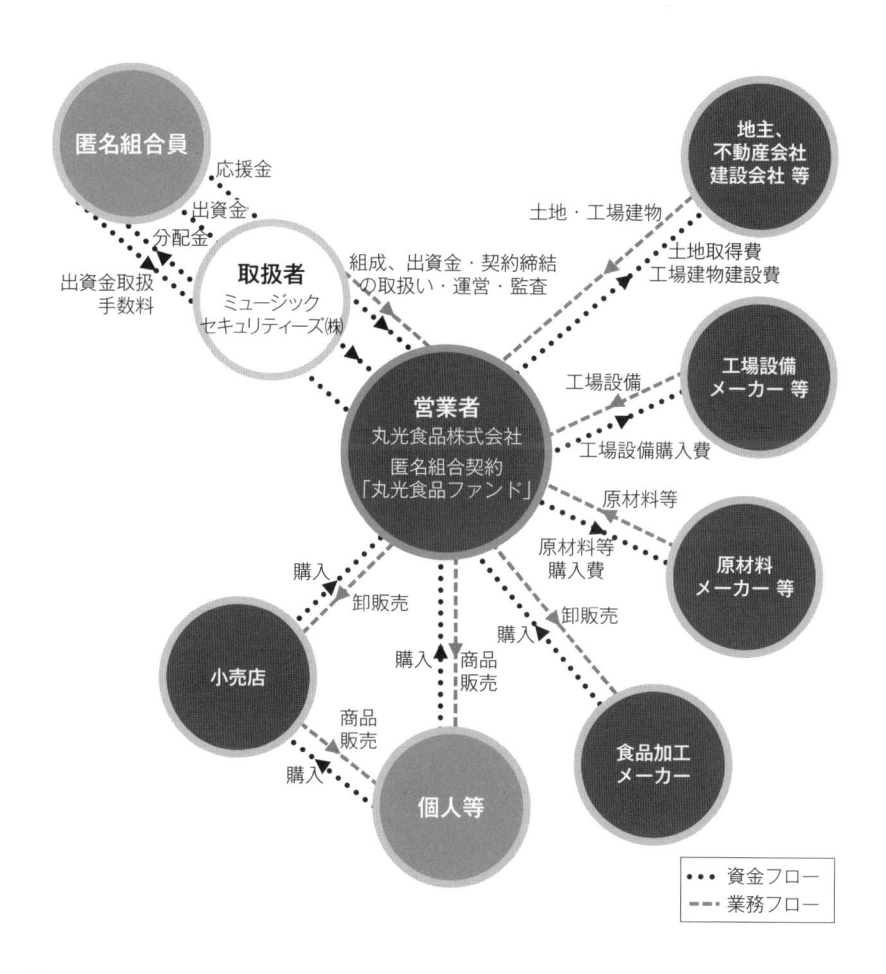

④ ふるさと投資の効果

❶ 課　題

　東日本大震災により在庫、工場、事務所のすべてが全壊。
　既存の債務も残っており、新たな工場再建・事業再開のための資金調達を銀行から行うことはできなかった。また、行政からの補助金もいつ申請が通過するか先行きが見えず、事業再開のための資金を銀行借入・補助金以外の方法で調達する必要性があった。

61

事例② 丸光食品ファンド（セキュリテ被災地応援ファンド）

❷ 解決方法

宮城県庁の職員の個人的な紹介を通じてセキュリテ被災地応援ファンドの活用を決め、2011年4月25日よりファンドの募集を開始。事業計画上、収益計画に比して必要資金および既存債務が大きいため、セキュリテ被災地応援ファンドを活用するすべての事業者は、半分を寄付金（応援金）、半分を出資金として募集を行った。出資者にとっては、出資した時点で半分の金額が分配されないことが確定する金融商品であったが、①自分のお金が誰にどう使われて、どのように役立ったのかがみえること　②自分が関心のある事業者・分野・地域を選んで応援ができること　③素早く資金が直接事業者に届くこと（ファンド募集会社の銀行口座を一時的に経由はする）などが評価され、延べ全国の2万4,000人の個人・法人がセキュリテ被災地応援ファンドに参加、約8億8,000万円（出資金・寄付金の合計額）が被災地の37社の事業者に届けられている（2013年2月末時点）。

株式会社丸光製麺に関しては、全国から約2,000人の出資が集まり、資本性資金を調達できたことによって、2012年12月には、その資金の一部を「資本性借入金」として金融機関から評価され、新たな融資にもつながっている。

また、直接的な出資金の調達以外にも、一部の出資者は、「丸光一日社員」として関東地方等で丸光製麺が出店する催事などにスタッフとして1日販売員を行ったり、商品のレシピの開発をサポートするなど、出資以外のかかわりも生まれ、営業面において効果が生まれてきている。

❺ 投資家の特徴

- 他ファンドと比較し女性の出資者が多いのが特徴。
- 被災地の支援という目的が多く、関東の出資者が半数以上を占める。

❶ 性別と年代　単位（％）

年代	男性	女性	合計
20代	2	2	3
30代	11	12	23
40代	16	14	31
50代	13	10	23
60代以上	13	6	19
合計	56	44	100

❷ 地域　単位（％）

地域	割合
北海道・東北	12
関東	56
中部	13
近畿	11
中国	2
四国	1
九州・沖縄	5
合計	100

❸ 購入動機

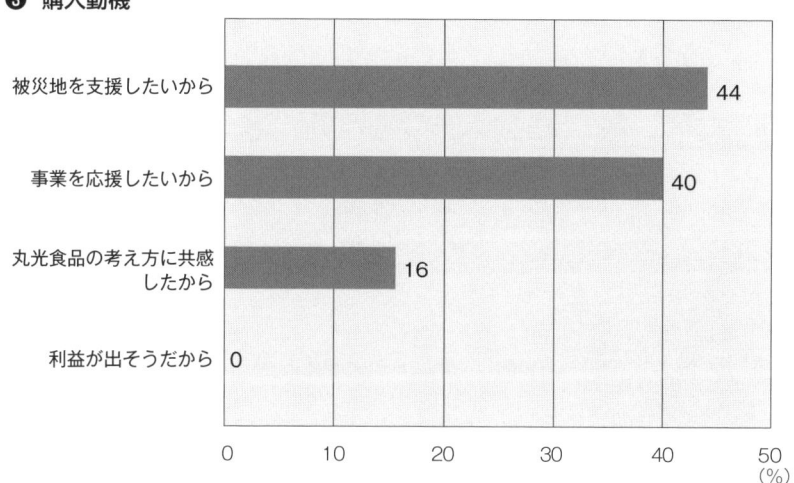

購入動機	%
被災地を支援したいから	44
事業を応援したいから	40
丸光食品の考え方に共感したから	16
利益が出そうだから	0

❻ 今後の課題

　丸光製麺では工場が2012年末に稼働、製造が再開した。今後は、失った既存の販路の回復と、新たな販路の開拓、そして、通販等を通じて全国向けに販売していく商品開発および販売促進が重要な課題となっている。

　特に全国向けの販路拡大は、セキュリテ被災地応援ファンドを活用した事業者のみならず、地域内の人口が減少する地域の事業者にとっては共通する課題であり、他社との差別化を図りながら、通販等を活用し全国個人向けに販売を広げていくことは重要な課題となってきている。

　この点においては全国に広がる出資者との連携が重要なポイントとなると考えられる。出資者に対して、説明責任としての最低限の売上報告だけではなく、現在の営業方針や現状の課題、必要なサポート内容などの情報を共有し、新商品・既存商品に対するサンプリングや感想などの意見のフィードバック、東京や大阪などでのイベントや催事などでの運営サポートなど、出資者の事業参加機会づくり・関係性の強化の施策を行う必要がある。こうしたことを通じて、出資者がさらなる応援団・ファンとして、さらにファンを広める発信源となり、全国個人向け販売の基盤づくりにもつながっていくと考えられる。

事例 ③ 池内タオル

① 事業分野

タオル

② 事業の概要

❶ 事業者紹介
- 池内タオル株式会社
  （創業昭和44年、愛媛県今治市、以下、池内タオル）
- オーガニックコットンにこだわるタオル関連製品の製造販売。

❷ ファンド対象事業内容
- 毎年指定の畑で収穫されたばかりのオーガニックコットンだけでつくる「コットンヌーボープロジェクト」の商品の製造・販売。
- ファンドで調達した資金は、原材料の購入費用と販売促進費に使用。
- 販売代金の売上の一部を出資者へ分配。

③ ファンドの概要

ファンド募集金額	550万円
1口金額	5万円
募集期間	2010年11月30日～2011年3月24日
運営期間	2011年4月1日～2012年3月31日
出資特典	①出資者特製スポーツタオル1枚/口 ②IKT SHOPPING（www.ikeuchitowel.jp）利用時の割引サービス 　2口～5口（5%オフ） 　6口～9口（10%オフ） 　10口　　（15%オフ） ③コットンヌーボータオル優先販売 ④本社見学ツアーおよびセミナーへの優先ご招待
償還結果	104.18%（1口52,091円）

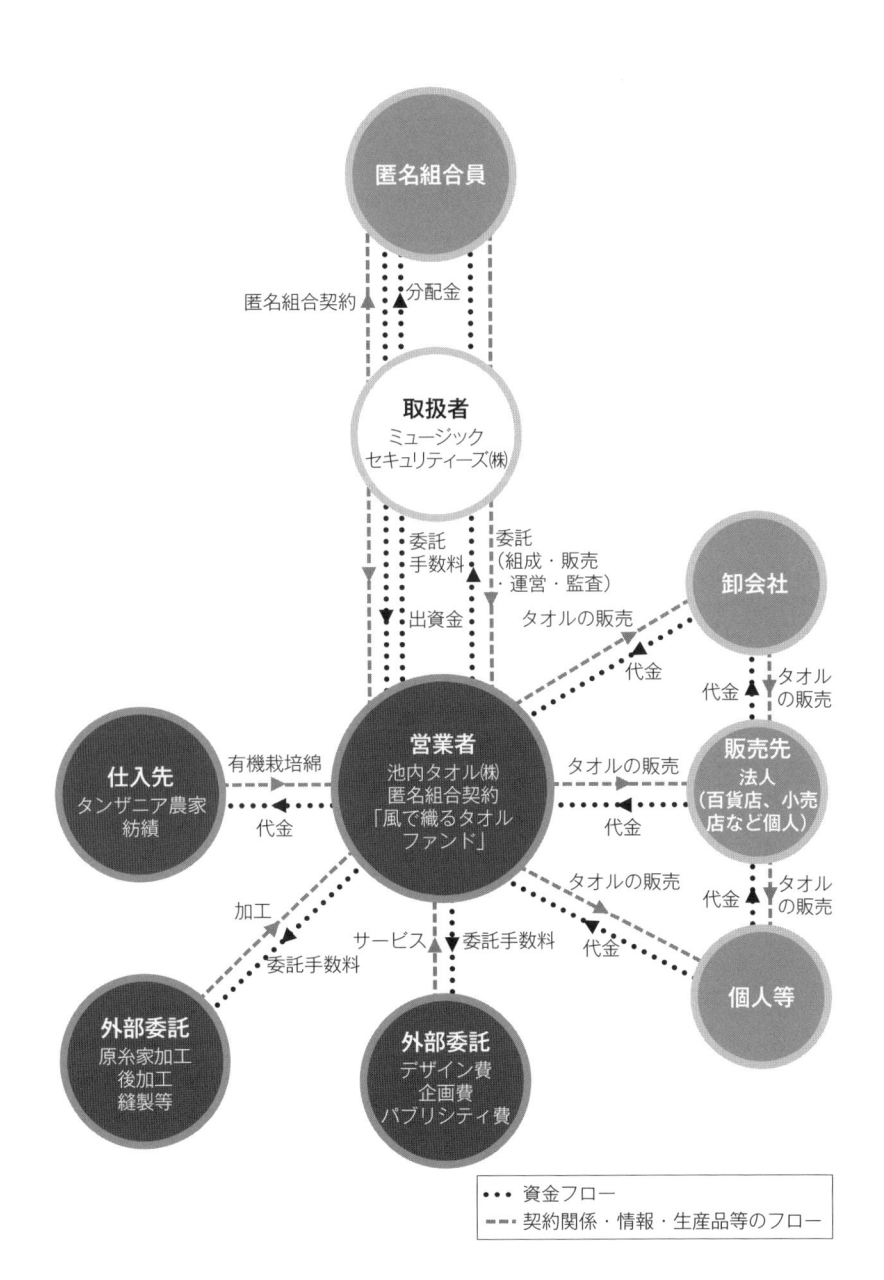

第5章　ふるさと投資の事例

事例 ③ 池内タオル

④ ふるさと投資の効果

❶ 課題

池内タオルは大口の取引先の倒産の影響を受け2003年に民事再生を行い、事業再建の途上であり、金融機関からの新規借入を行うことができない状況下であった。

「コットンヌーボープロジェクト」は、池内タオルのコンセプトをより明確に打ち出す新商品の企画であったが、既存商品の製造・販売への資金の確保が優先であり、このプロジェクトの実施に必要な資金を確保することができていなかった。

❷ 解決方法

池内タオルのオーガニックコットンのみで製造するタオルのファンは多く、こうしたファンを中心に新商品のプロジェクトのコンセプトに共感した個人からプロジェクト実施に必要な資金の調達に成功。また、年に2回開催するユーザーを招いたパーティでも商品の顧客が出資をしたうえで参加してくれることも増えており、既存顧客とのさらなる深い関係性構築にもつながった。2011年に製造した新商品はすべて完売、2012年に製造した商品についても完売しており、新たな売上創出につながった。

⑤ 投資家の特徴

- 30代・40代の男性、地元よりも圧倒的に関東などの都市圏の出資者が多くを占める。
- 対象プロジェクト・池内タオルへの共感が多い。

❶ 性別と年代

単位（％）

年代	男性	女性	合計
20代	4	0	4
30代	35	7	42
40代	23	9	32
50代	10	3	13
60代以上	7	1	9
合計	80	20	100

❷ 地域

単位（％）

地域	割合
北海道・東北	3
関東	55
中部	14
近畿	16
中国	7
四国	0
九州・沖縄	4
合計	100

第 5 章　ふるさと投資の事例

❸ 購入動機

項目	値
プロジェクトを応援したいから	69
池内タオルの考えに共感したから	28
池内タオルが好きだから	3
利益が出そうだから	0%

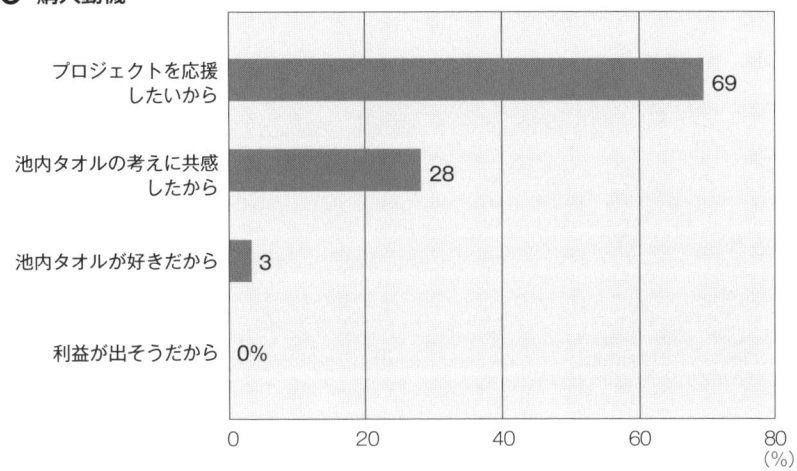

(%)

❻ 今後の課題

　出資をきっかけとした一層のファンづくりなどの営業面の効果をより高めることへの期待も大きく、2012年の新商品開発もファンド化し、継続的な取組みを行っている。
　池内タオルのみならず「ふるさと投資」を活用する事業者にとっては、こうしたファンドの募集を繰り返し行うことにより、最初のファンドの償還時には新たにファンドを募集するようなサイクルをつくりだすとともに、ファンの基盤を拡大していくことで、新商品だけではなく、既存商品の原材料購入費用などファンド活用の幅を広げていくことにより、柔軟な商品の製造・販売計画の実現が可能となる。こうしたことを視野においた継続的なファンドの活用は重要な課題である。
　また、今回のように、民事再生後、金融機関からの借入れが行われない状況下で新たな新商品を開発・販売のための資金調達というのは、中小企業においては一般的にも起こりうる課題である。今後、こうした事業再生段階における資金調達手法の一つとして「ふるさと投資」をどう活用するべきかという点において考えていくべきである。

事例④ 共有の森ファンド2009

❶ 事業分野

林　業

❷ 事業の概要

❶ 事業者紹介
- 株式会社トビムシ
  （創業平成21年、東京、以下トビムシ）
- 森林の間伐管理および間伐材販売

❷ ファンド対象事業内容
- 岡山県西粟倉村の一部の森林所有者から10年間の長期施業契約を締結するとともに、細分化された森林の集約化を行い、同期間中において間伐管理および間伐材の販売を行っている。
- ファンドで調達した資金は、高性能林業機械の購入費用に使用。
- 間伐業務を地元森林組合に委託し、高性能林業機械をリースすることによるリース収入および間伐材・間伐材利用商品の販売収入の一部を出資者に分配。

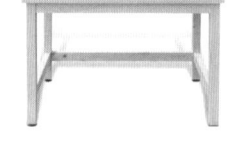

❸ ファンドの概要

ファンド募集金額	4,940万円
1口金額	5万円
募集期間	2009年4月7日～2010年3月31日
運営期間	2009年7月1日～2019年6月30日
出資特典	①西粟倉村の森の学校施設内に出資者名を記載したプレートの設置 ②西粟倉村の木の家（モデルハウス）無料宿泊および温泉入浴権の付与 ③西粟倉村森の村振興公社の施設利用割引 ④西粟倉・森の学校ネットショップの特別割引

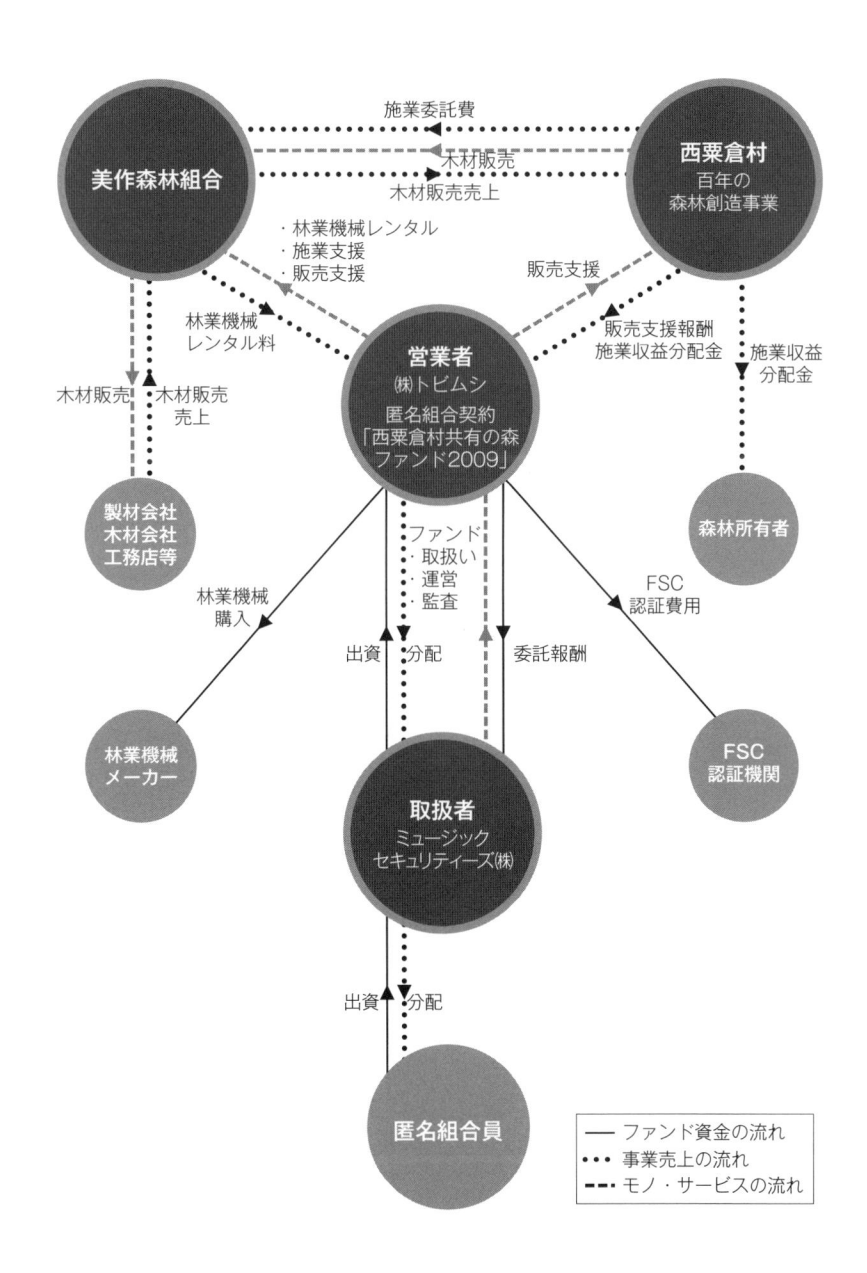

第5章 ふるさと投資の事例

事例④ 共有の森ファンド2009

④ ふるさと投資の効果

❶ 課題
　国産材の間伐・販売の採算が合わないことで、森林所有者から森林組合への森林管理の委託が減り、間伐コストを下げるための森林組合が設備投資もできない状態の悪循環に陥っていた。また、木材の販売も原木の状態で販売することが中心となっており、新たな販路開拓や商品の開発も行われていないことで付加価値を上げることもできていなかった。

❷ 解決方法
　林業機械の導入費用については全額補助金を活用する選択肢もあったが、首長の交代など地域行政の影響を受けずに、補助金に依存しない自立した村の経済をつくっていくためにも、一部は、地域の外からの資金を調達する方法を採用した。
　その結果、森林の集約化とともに高性能林業機械の導入を行ったことにより間伐コストを下げる効果が生まれたとともに、出資者がその後仲間も連れて西粟倉村を訪問することや、間伐材を使った商品を販売していく際にも出資者を中心に口コミで広げる動きが生まれてきている。
　こうした地域の外からの出資というかたちの期待・関心を集め、応援してくれる方たちをもちながら、長期的な事業計画を実行し、村の未来をつくっていく枠組み構築につながった。

⑤ 投資家の特徴

- トビムシの考えに共感する30代・40代の都市圏の男性が多くを占める。

❶ 性別と年代

単位（％）

年代	男性	女性	合計
20代	5	2	7
30代	26	7	33
40代	25	5	30
50代	10	5	15
60代以上	10	5	16
合計	76	24	100

❷ 地域

単位（％）

地域	割合
北海道・東北	3
関東	52
中部	11
近畿	19
中国	13
四国	1
九州・沖縄	0
合計	100

第 5 章　ふるさと投資の事例

❸ 購入動機

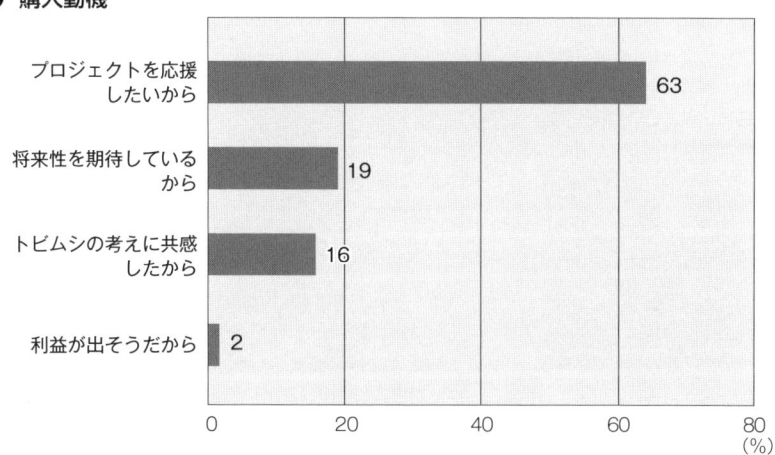

- プロジェクトを応援したいから　63
- 将来性を期待しているから　19
- トビムシの考えに共感したから　16
- 利益が出そうだから　2

（単位：%）

❻ 今後の課題

　本ファンドは間伐のコスト削減効果を目的とした資金調達であった。その後、トビムシの関連企業による床材を開発・製造・販売を行うための「ユカハリファンド」、割り箸を開発・製造・販売するための「ワリカンファンド」などの商品開発を行うためのファンドの募集もその後、行われている。

　これはトビムシが国産材の事業化を進めていくなかで、間伐材の利用方法に課題をみつけ、新たな商品開発を行うための資金ニーズが生まれてきたことが背景にある。

　これらのファンドは、バリューチェーンでつながっているため、国産材の床材の利用が上がれば間伐材の販売量が増え、間伐材のコストが下がればより床材の価格競争力が上がるという相互メリットのある関係性となっている。

　こうした地域に根付いた地場産業の場合、上流から下流までのバリューチェーンのなかで複数個所に課題があることも多く、そうした課題解決を図るために、今回はトビムシの関連会社であったが、別々の会社であっても、こうした一つの地域で複数の事業展開のためのファンドを同時に立ち上げて、面的な解決とともに事業推進を行っていくことは他の分野でも応用可能な「ふるさと投資」の活用方法である。

　一方、こうした事業は、新規事業となることも多く、実績もないため、事業継続性のリスクも大きく、資金調達上の課題は大きい。今後、こうした事業リスクについて的確に出資者の方々に理解を得ると共に、当該事業の成功が地域内で複雑に相互作用するなかで、地域全体の改善につながるという効果について、ファンド募集時に出資者に対してわかりやすく訴えていくことも重要である。

事例 ⑤ ヴェルディドリームス 2010

① 事業分野

プロスポーツクラブチーム

② 事業の概要

❶ 事業者紹介
- 東京ヴェルディ1969フットボールクラブ株式会社
（創業平成21年、東京、以下、東京ヴェルディ）

❷ ファンド対象事業内容
- プロスポーツクラブの運営事業。
- ファンドで調達した資金はトップチーム・ユースチームの運営費用等に使用。
- チケット売上・グッズ売上・スクール売上の一部を出資者に分配。

③ ファンドの概要

ファンド募集金額	52,966,100 円
1口金額	19,690 円
募集期間	2010年1月9日～2010年9月30日
運営期間	2010年3月1日～2012年2月29日
出資特典	①東京ヴェルディ専用フラッグにクレジット記載 ・「チーム名」の文字を出資者の方の名前でデザインします。 ・フラッグは、選手入場時に選手の後ろから一緒に入場します。 ②スクール入会金 10%割引 ③招待チケット贈呈（出資口数1口当り1枚） ④勝利インセンティブ ・ホームゲームで勝利するごとに抽選で6名様を次節ホームゲーム以降のロイヤルシートご招待 ⑤メールマガジンの配信 ⑥スポーツ経営に関する講演への参加
償還結果	107.92%（1口 21,250 円）

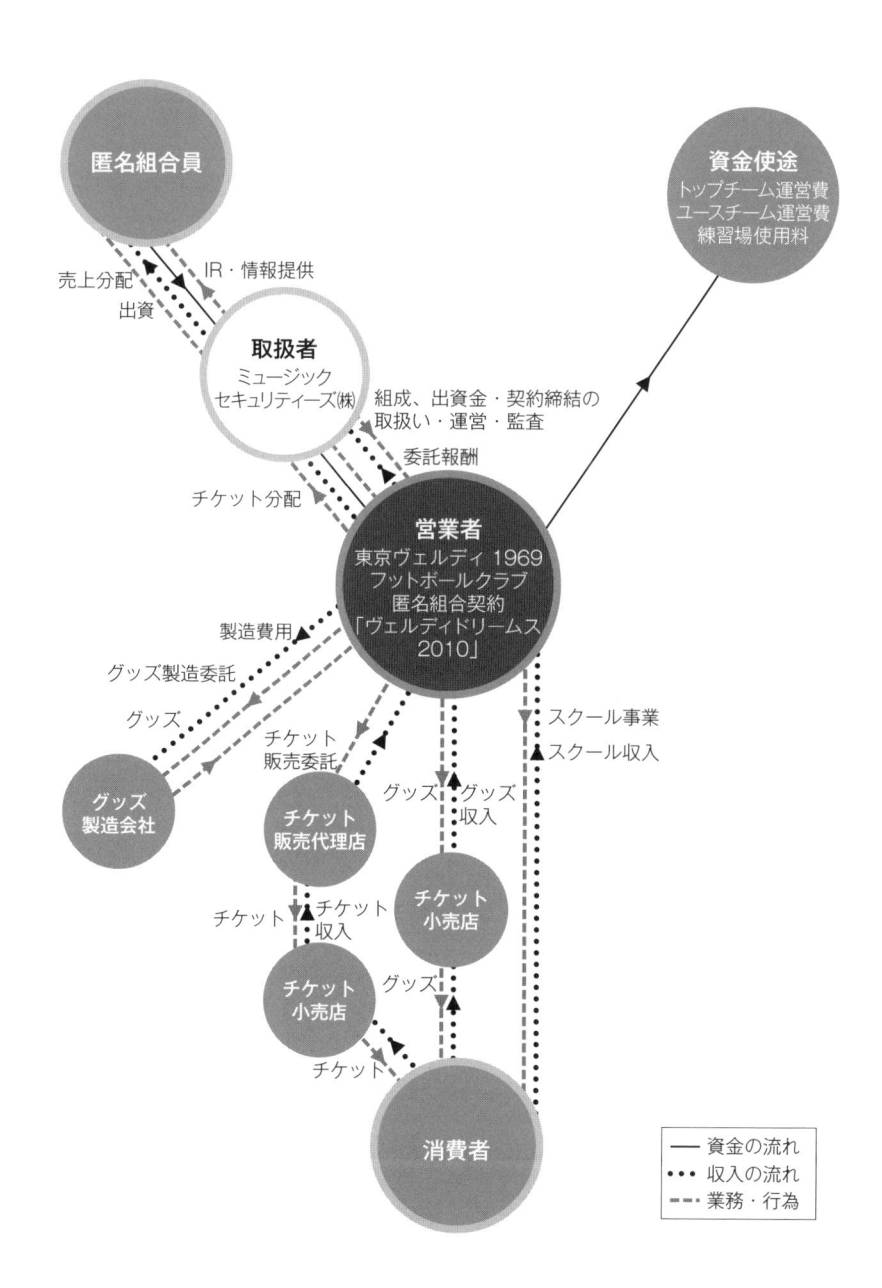

第 5 章　ふるさと投資の事例

事例⑤ ヴェルディドリームス2010

④ ふるさと投資の効果

❶ 課題
　プロスポーツクラブにとって大きな資金調達源はユニフォームなどに社名を掲載するなどのスポンサー企業からの協賛金であるが、チームが強く人気があったとしても、スポンサー企業の業績次第で大きく変動の影響を受ける資金となっている。
　東京ヴェルディにおいてもスポンサー企業からの資金に代わる新たな資金調達方法を探していた。

❷ 解決方法
　歴史のある東京ヴェルディを支えたいという個人のファンから出資という形態で調達することが可能となり、今後プロスポーツクラブの資金調達多様化による経営の安定化のための新たな手法の可能性を示すことにつながった。

⑤ 投資家の特徴

- 東京ヴェルディを応援する30代・40代の男性が多くを占める。

❶ 性別と年代

単位（％）

年代	男性	女性	合計
20代	11	0	11
30代	35	3	38
40代	27	7	34
50代	14	2	15
60代以上	2	0	2
合計	88	12	100

❷ 地域

単位（％）

地域	割合
北海道・東北	2
関東	88
中部	4
近畿	3
中国	0
四国	0
九州・沖縄	2
合計	100

❸ 購入動機

- プロジェクトを応援したいから: 84
- ヴェルディのファンだから: 11
- 特典が充実しているから: 5
- 利益が出そうだから: 0

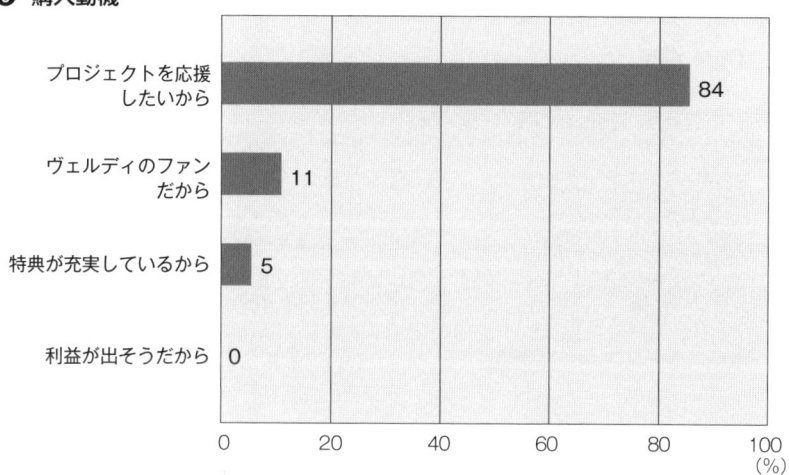

(単位: %)

❻ 今後の課題

　今回の東京ヴェルディの課題は、Jリーグチームに限らず、他の種目のプロスポーツクラブチームでも景気に左右されやすい企業スポンサーが重要な資金調達源であるため、資金調達手法の多様化は重要な共通課題である。

　プロスポーツクラブチームは、地域にとって重要な地域の外からお客さんを呼び込む観光資源の一つでもあることが多い。今後は、地域金融機関などとも連携し、「ふるさと投資」をより多くのプロスポーツクラブチームへ活用を広げ、より安定的な経営の実現に貢献する意義は大きい。

　なお、活用を広げるうえでの課題としては、プロスポーツクラブチームの多くが実施している「ファンクラブ参加費」という個人を対象とした既存の調達方法との明確な棲み分けを検討しなければいけない。それぞれ違うターゲットに対して訴求できるようなメリットや金額、特典などのファンド設計が求められる。

事例⑥ 黒壁ガラス工房ファンド

❶ 事業分野

ガラス工芸

❷ 事業の概要

❶ 事業者紹介
- 株式会社黒壁
  （創業昭和63年、滋賀県長浜市、以下、黒壁）

❷ ファンド対象事業内容
- 黒壁地区をまちづくりの象徴に位置づけたガラス工芸品の製造・販売。
- ファンドで調達した資金はガラス工房の炉の燃料費に使用。
- ガラス工房から製造されたガラス工芸品の販売代金の一部を出資者に分配。

❸ ファンドの概要

ファンド募集金額	770万円
1口金額	5万円
募集期間	2011年5月12日～2011年12月26日
運営期間	2011年9月1日～2012年8月31日
出資特典	①吹きガラス体験教室 　1回無料（3,675円相当） ②黒壁美術館招待券 　5枚進呈（3,000円相当＝600円／枚×5枚） ③株式会社黒壁直営店舗でのお買い物・ご飲食・体験教室5%割引 ④記念品としてオリジナルガラスを進呈
償還結果	101.02%（1口50,509円）

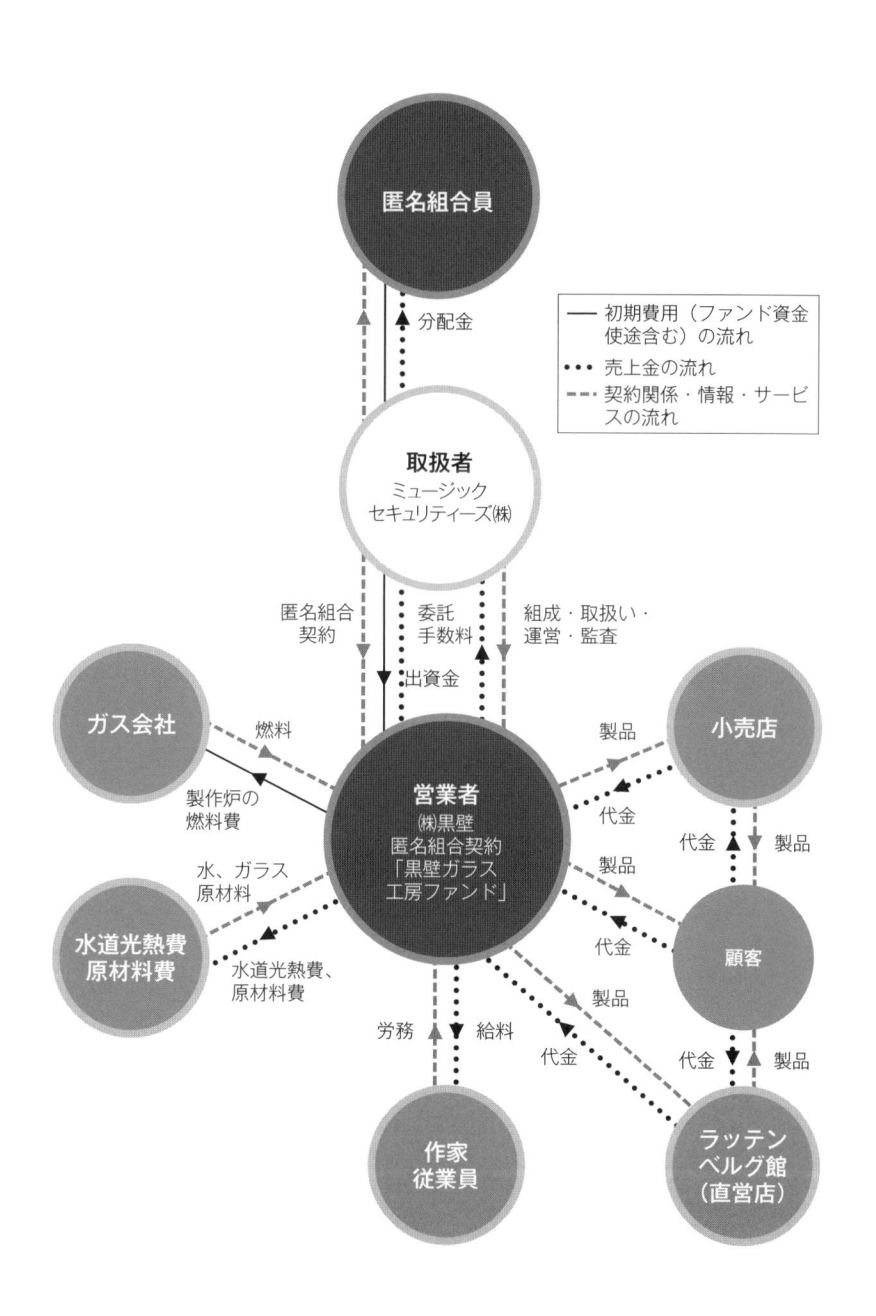

第 5 章　ふるさと投資の事例

```
           匿名組合員
              ↑
            分配金
              │
           取扱者
      ミュージック
      セキュリティーズ㈱

匿名組合        委託        組成・取扱い・
契約          手数料        運営・監査
              出資金

ガス会社 ──燃料──→  営業者       ──製品──→ 小売店
  製作炉の             ㈱黒壁                代金    製品
  燃料費              匿名組合契約
                     「黒壁ガラス           代金
  水、ガラス           工房ファンド」         製品
  原材料                                              顧客
水道光熱費                                   代金
原材料費    水道光熱費、
           原材料費       労務  給料    製品
                                      代金    代金   製品

                        作家                ラッテン
                        従業員              ベルグ館
                                           （直営店）
```

凡例：
── 初期費用（ファンド資金使途含む）の流れ
・・・ 売上金の流れ
--- 契約関係・情報・サービスの流れ

事例⑥ 黒壁ガラス工房ファンド

④ ふるさと投資の効果

❶ 課題
　黒壁は商店街が衰退していたなかでガラス工芸をまちづくりの象徴に位置づけ観光客が年間200万人訪れる街となっていたが、次の課題は、黒壁のファンとなり、再訪してくれる観光客を増やしていくことにあった。

❷ 解決方法
　黒壁に融資を行っていた滋賀銀行もその課題に着目し、ファンづくりの一環として小口投資の活用を検討。ガラス工芸品を製造するガラス作家の魅力をPRし、その応援の一環として出資を募ることによって、個人とガラス作家が顔の見える関係性づくりにつながった。出資をきっかけに、初めて黒壁を訪れる効果も現れ始めている。

⑤ 投資家の特徴

- 30代・40代の男性が多くを占め、関西圏外が約7割を占めている。

❶ 性別と年代

単位（％）

年代	男性	女性	合計
20代	6	0	6
30代	26	4	30
40代	30	3	32
50代	8	1	9
60代以上	13	9	22
合計	83	17	100

❷ 地域

単位（％）

地域	割合
北海道・東北	6
関東	39
中部	23
近畿	32
中国	0
四国	0
九州・沖縄	3
合計	100

第 5 章　ふるさと投資の事例

❸ 購入動機

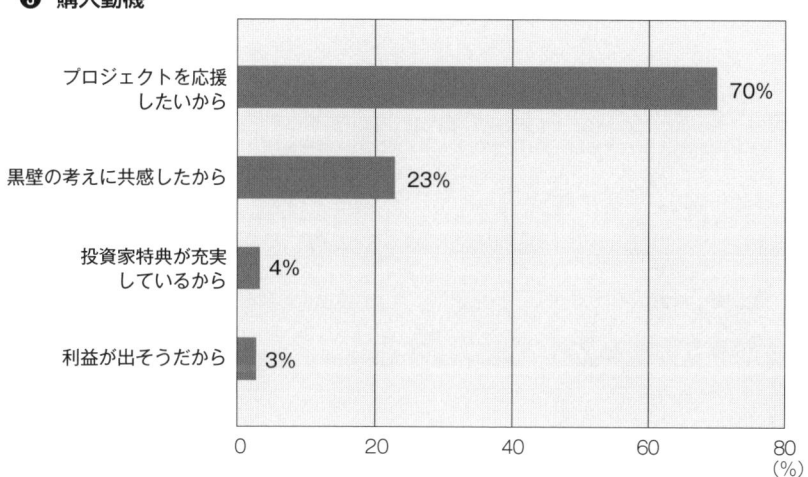

- プロジェクトを応援したいから　70%
- 黒壁の考えに共感したから　23%
- 投資家特典が充実しているから　4%
- 利益が出そうだから　3%

❻ 今後の課題

　黒壁において、ファンドの活用はファンづくりを行う目的が大きい。今回のファンドで出資をきっかけに黒壁への訪問を促す効果はあったが、よりその効果を大きくし、繰り返し訪問したくなるような関係づくりには時間がかかる。黒壁においても、第 2 弾のファンド募集を行い、さらなるノウハウの蓄積と出資者との関係性構築を行っている。

　こうした効果を期待し、ファンドを活用する事業者は多く、ファンド募集時の出資者を募る局面だけでなく、出資した後、ファンド運営の局面においてどのような情報をどのようなタイミングで提供し、オンライン上だけでなくイベント等を組み合わせながら、事業者の魅力を効果的に伝え、また積極的に出資者が事業に参加できる機会をどのように創出していくかということが重要な課題である。

事例 ⑦ 音楽ファンド「HIP HOP LEGENDS-6」

① 事業分野

音楽

② 事業の概要

❶ 事業者紹介
- ミュージックセキュリティーズ株式会社
  （創業平成 13 年、東京、以下、ミュージックセキュリティーズ）
- 音楽ファンドを活用した音楽レコードの製造・販売

❷ ファンド対象事業内容
- HIP HOP の分野で活動するアーティスト「AK-69」のアルバム「THE RED MAGIC」の CD・DVD の製造・販売。
- ファンドで調達した資金を、「AK-69」の CD・DVD の制作費・製造費・販促費に使用。
- CD・DVD の売上の一部を出資者に分配。

③ ファンドの概要

ファンド募集金額	7,739 万円
1 口金額	1 万円
募集期間	2011 年 1 月 20 日～ 2011 年 1 月 25 日
運営期間	2011 年 1 月 26 日～ 2011 年 9 月 25 日
出資特典	①ライブ招待（抽選となる場合もございます） ②一般には出回らないサンプル盤に AK-69 のサインを入れてプレゼント（100 口以上）
償還結果	104.84%（1 口 10,484 円）

第 5 章　ふるさと投資の事例

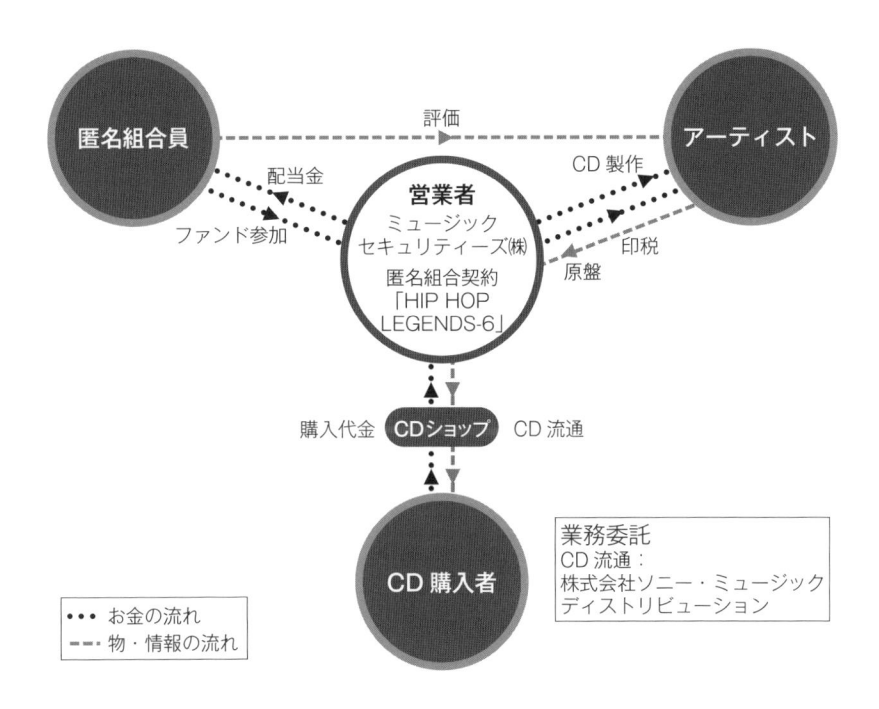

④ ふるさと投資の効果

❶ 課　題
　音楽事業においては同じアーティストであっても、作品の内容次第で販売売上に大きな影響が受けることが多く、既存の金融機関からの単体の音楽 CD の制作・販売事業に対しての融資を受けることはむずかしい場合が多い。

❷ 解決方法
　ミュージックセキュリティーズの自己資金とともに、アーティストのファンから資金調達を組み合わせることによって、音楽 CD・DVD の制作が実現できている。

事例⑦ 音楽ファンド「HIP HOP LEGENDS-6」

❺ 投資家の特徴

- 30代・40代の圧倒的に男性が多くを占め、これまでの実績からもアーティストの応援とともに利回りに期待する出資者も出てきている。

❶ 性別と年代

単位（％）

年 代	男 性	女 性	合 計
20代	10	0	10
30代	48	3	52
40代	24	3	28
50代	9	0	9
60代以上	2	0	2
合 計	93	7	100

❷ 地域

単位（％）

地 域	割 合
北海道・東北	8
関東	53
中部	25
近畿	8
中国	2
四国	0
九州・沖縄	3
合 計	100

❸ 購入動機

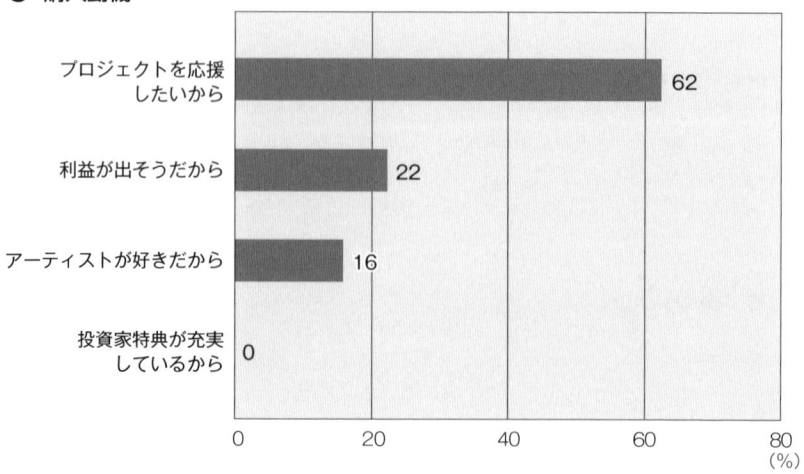

購入動機	（％）
プロジェクトを応援したいから	62
利益が出そうだから	22
アーティストが好きだから	16
投資家特典が充実しているから	0

❻ 今後の課題

　昨今、音楽分野におけるパッケージとしてのCDの売上は業界全体では減少傾向にある。今後、アーティストの活動支援という観点においては、CDの制作費や製造費だけでなく、イベント制作費やアーティストの活動費（ライブツアー費用、ボイストレーニング費用等）などに対する資金調達を行い、分配原資においても音楽CDの売上とともに音楽配信売上、ライブ・グッズ売上などを対象とすることによって、アーティストの中長期的な活動支援を行うファンド設計も必要となってくると考えられる。

　また、新人アーティストだけではなく、実績をもつアーティストにおいても、独立したレコードレーベルを設立する事例も出てきている。こうしたレーベルでは既存大手レコード会社と比較して資金調達手段は限定されているため「ふるさと投資」が果たせる役割は大きいと考えられる。

　既存大手レコード会社についても、当社への依頼によるファンド組成がすでに数多くあり、今後はそのニーズは高まると考えている。現在は音楽産業全体が転換点を迎えていることから、リスナー参加型の資金供給手段である「ふるさと投資」が、新しい音楽産業をつくりだすために果たせる役割は大きいと考えられる。

　加えて、商業主義では淘汰されがちな「文化財としての音楽」を守り育むために、地域の特性や、地域産業に根差した音楽への資金供給という意味においても、「ふるさと投資」が果たせる役割は大きいと考えられる。

第5章 ふるさと投資の事例

　以上のとおり、これまで「ふるさと投資」を利用する事業者および出資者の全体像、および個別のケーススタディをみてきた。
　実際にさまざまな事業分野、成長ステージ、事業課題に対応したうえでファンドの設計を行い出資者を募ることができる非常に柔軟性の高い資金調達手法であるということがいえるだろう。さらに事業者の利便性を向上していくうえでは、事例2で紹介したセキュリテ被災地応援ファンドは、今後も事業再建を支援するモデルとして活用していける可能性があるが、寄付金相当部分については現行制度では課税対象となっているため、一定の条件を満たした場合においては税制優遇の検討は必要であると考える。
　そして、今後の「ふるさと投資」の広がりのために最も重要な課題は、個人投資家への認知度拡大と利便性向上である。
　その点において第3章でも触れられているが、「株式投資」や「投資信託」などと並び「ふるさと投資」が確立された金融商品として認知されること、そのうえで他の金融商品と同等に証券税制での対応なども望まれる。
　さらには、インターネットのみで申込みが完結することに抵抗感があり、なじみが薄い投資家層に対して、地域金融機関による店頭でのファンド申込受付やファンド説明会の開催も大きな効果が見込まれる。
　利便性向上という面においては、事例4のような地域性が高いが新たな事業モデルでの挑戦をしている事業者に対する出資などについては、将来損失が発生した場合に損失額の一定部分を地方税から還付される制度は非常に有効である。
　その他、小口投資という特性もふまえ、一定の上限金額を設けたうえで、決済方法や申込手続の簡素化においても、クレジットカードによる決済や本人確認手続の簡素化なども検討されるべき施策である。
　こうした施策をふまえ、日本全国のより多くの事業者と個人が出資を通じてつながり、日本中で意義のある事業が創出されていくことを心から望んでいる。

第6章

米国のダブル・ボトムライン投資ファンド

HIT
Hometown Investment Trust

近年、顕著な世界的趨勢として、民間企業においては株主利益最大化だけでなく、企業の社会的責任（CSR）が重視され、環境対策や社会貢献などの社会貢献が評価されるようになってきている。これは、「ビジネスの社会化」ともいわれている。また、ファンド投資においても、金銭的な収益だけでなく、社会貢献や環境対策などを重視するものが現れている。

　このように二つの投資収益や投資目標を設定した投資は、ダブル・ボトムライン（Double Bottom Line、以下、「DBL」という）投資といわれ、投資家に対して市場実勢のリターンを提供する（ファースト・ボトムライン）一方、地域社会や環境面での貢献（セカンド・ボトムライン）を重視するものである。さらに、地域社会への貢献と環境面の貢献を区別し、三つの投資目標を設定しているものは、トリプル・ボトムライン（Triple Bottom Line）投資といわれる。

　近年、日本では、風力・小水力発電ファンド、農林業ファンドなどが設立されている[1]。これらのファンドには、さまざまな種類があるが、一般の個人から出資を集めているものも多く、それらのファンドでは、金銭的な収益だけでなく、地域や環境面での貢献を目指した投資が行われており、これはDBL投資とみなすことができる。本書のテーマである「ふるさと投資」も単に金銭的リターンだけでなく、地域の活性化や再生に貢献することをリターンと認識して投資することを目的としていることから、DBL投資の範疇に属すものと考えられる。

　他方、米国では、不動産を対象としたプライベート・エクイティ・ファンドの形態で、DBL投資ファンドが設立され、拡大している。これらのファンドには、低所得地域における地域活性化を目的としたものが多く、地域の雇用促進やインフラ投資、さらに環境改善に寄与しているとされている。

　本章では、まず、米国のDBLファンドについて、デボラ・ラフランチ、ベルデン・ハル・ダニエルズらの共著 *The Double Bottom Line Handbook : A Practitioner's Guide to Regional Double Bottom Line Investment Initiatives and Fund* に依拠して、その基本的な内容や類型を概観したうえ

第6章　米国のダブル・ボトムライン投資ファンド

で、彼らの共著論文"The Ten Keys To Double Bottom Line（DBL）Fund Success"を取り上げ、DBLファンド運用のコンセプトやスキームを紹介する。さらに、DBL投資においては、セカンド・ボトムラインの評価が重要であり、できるだけ客観的・定量的な評価が望まれることはいうまでもない。そこで、注目されるのが社会的投資収益率（Social Return on Investment、以下、「SROI」という）の考え方である。これは、ROEの考え方を応用したものといえる。したがって、最後にSROIについても紹介する。

1　米国のDBL投資ファンドの概要

　DBLとは、ファースト・ボトムラインとセカンド・ボトムラインからなり、前者は、銀行、保険、年金基金、財団、基金、富裕層などの投資家に対して、市場実勢のリターンを提供することを目標とし、後者は雇用形成、付加価値創出、地域活性化、中低所得層のスマート・グロースによって、測定可能な経済的・社会的・環境的リターンを創出することを目標としている[2]。
　米国では、1990年代後半以降、このようなDBL投資ファンドが急速に拡

1　拙稿「風力・太陽光発電ファンドの展開〜市民出資型ファンドを中心に〜」、『証研レポート』（日本証券経済研究所・大阪研究所）、No.1661、2010年8月、25〜39頁、拙稿「農林業再生と投資ファンド・金融機関」、『証研レポート』（日本証券経済研究所・大阪研究所）、No.1663、2010年12月、30〜46頁、拙稿「再生可能エネルギーファンドの現状」、『証研レポート』（日本証券経済研究所・大阪研究所）、No.1667、2011年8月、19〜33頁、拙稿「ファンドスキームの様々な取り組み―地域・環境再生との関連を中心に―」、『桃山学院大学総合研究所紀要』第36巻第3号、2011年3月、91〜110頁、拙稿「大手証券グループのファンド業務および各種のブティック型ファンド―自然エネルギー・環境・農林業関連を中心として―」（証券経営研究会編『金融規制の動向と証券業』日本証券経済研究所、2011年6月、第9章、所収）、227〜257頁、参照。
2　La Franchi et al.(2007)．7頁、参照。なお、通常はTBLという用語も使われるものの、同書においては、経済的リターン、社会的リターン、環境面のリターンを区別せず、これらすべてをセカンド・ボトムラインに含めている。なお、以下1節の記述は、本書7〜9頁に依拠しているが、煩瑣になるので、該当頁は注記しない。

大しているといわれている。1998年以降の約10年間に、DBLファンドに60億ドルが投資され、そのうち25億ドルは地域への投資に向けられている。特に、ニューイングランド、サウス・カリフォルニア、サンフランシスコ・ベイエリア、ピュージェット湾、ノースウエスト・ルイジアナなどさまざまな地域で、地域の経済開発を担う機関が地域投資イニシアティブを導入している。このような投資イニシアティブは、中低所得地域の経済発展と地域活性化を促進するために、市場を重視したさまざまな施策を採用している。その中心的な手法として、DBLの収益を目指して専門のファンド・マネージャーが運用する、プライベート・エクイティ・ファンドが利用されている。

このような地域型DBLファンドは、中低所得層の住む旧市街地や郊外における不動産や事業に巨額資金を提供することを企図し、出資者はDBLプライベート・エクイティ・ファンドを設立し、それによって中心市街地の開発、旧市街のインフラ整備、労働力の活用および購買力の向上を促すものである。

DBLファンドが急速に成長した背景としては、下記の四つの点において、それが市場、社会、環境面の課題に応えていることがあげられる。①DBLファンドがエクイティを集積・動員することで、資金調達の困難なデベロッパーや事業に資金調達手段を提供している。②専門のファンド・マネージャーを雇い、不完全な中低所得層市場に投資することで、投資家が目標とする10%台半ばから後半あるいはそれ以上のトラック・レコードを達成している。③DBLファンドは、地域の利害関係者が不動産建設やビジネス・ベンチャーに参加する機会を提供し、それによって雇用や地域活性化を促している。④DBLファンドは、既存の都市インフラを都心に集中させ、商業施設や住宅を輸送拠点の近くに配置するインフィル型都市計画を採用することで、よりスマートで効率的な地域活性化に寄与している。このようにしてDBLファンドは、市場実勢に応じたリターンと公正かつ持続可能な発展が両立するような経済的かつ社会的合意の機会を提供している。いまや、未開発の中低所

得地域は、地域経済の発展と活性化に貢献するだけの潜在力を秘めた「国内新興市場」とみなされるようになってきている。つまり、未利用の中低所得層の資産は、明確な目的をもった投資によって資金がもたらされるならば、地域の経済発展に市場価値を付加することができる。

ここで紹介した説明によれば、米国のDBLファンドは、地域再生ファンドの側面が強いように見受けられる。ただし、日本の地域再生ファンドは、ほとんどすべての都道府県で設立されたが、その運用は、再生対象の地域企業の債権買取りなどが中心であり、不良債権処理の側面が強かった[3]。それに対して、米国のDBLファンドは、地域の面的な再生を志向する側面が強いように思われる。

2 DBLファンドの類型

DBL投資にはいくつかの種類があるとされる。出資者主導型の地域DBLファンド、マネージャー主導型DBLファンドおよび地域開発ベンチャー・キャピタルがあげられる[4]。

---

[3] 拙稿「地域再生ファンドとデット・デット・スワップ」、『証券経済研究』（日本証券経済研究所）、第55号、2006年9月、19〜43頁、および拙稿「地方再生ファンドの現状」、『証研レポート』（日本証券経済研究所・大阪研究所）、2005年8月、1631号、17〜31頁、参照。

[4] 出資者主導型ファンドとマネージャー主導型ファンドの共通点は、ファンド・マネージャーが高度な能力をもっている点、中低所得地域に投資する点、当該地域の活性化を目的とする点、不動産ファンドの場合、住宅、商業、オフィス、工業あるいは複合プロジェクトに取り組む点、銀行、保険、年金、財団、富裕層などの出資を受けている点などである。しかし、マネージャー主導型ファンドは、以下の点で出資者主導型ファンドと異なっている。しばしば全国規模の投資を行う点、非営利の出資者が不在である点、単一のプロジェクトを特定地域のみで実施する点、全国規模の投資を行うことでリスク分散が可能になる点、非営利の出資者に手数料や収益を分配する必要がなく、また地域のステークホルダーの経済発展を支援する必要もない点などである。La Franchi et al.（2007）. 170頁、参照。

図表6-1　DBL 投資ファンドの類型

	地域ファンド	全国ファンド
出資者主導型ファンド	出資者主導型地域ファンド	出資者主導型全国ファンド
マネージャー主導型ファンド	マネージャー主導型地域ファンド	マネージャー主導型全国ファンド

(出所)　La Franchi, Deborah, Erin Flynn, James Nixon, Joseph Gross and Belden Hull Daniels. 2007. *The Double Bottom Line Handbook*, http://www.sdsgroup.com/dbl-handbook.html, 11ページ。

　さらに、これらのファンドは、地域ファンドと全国ファンドとに分けることができる。また、いまのところ、出資者主導型全国ファンドは存在しないとされている。他方、マネージャー主導型ファンドも重要であるが、マネージャー主導型の場合、全国ファンドと地域ファンドの双方が存在している。いままでに設立されてきたすべての種類のファンドは、二つのボトムラインの達成という点で成功を収めてきたとされている[5]。

　まず、**出資者主導型地域 DBL ファンド**は、地域の主導的非営利組織によって運営され、ファンド・マネージャーを雇い、あらかじめ合意された地域の成長・開発計画に沿って投資を進める。このように地域の DBL ファンドは、当該地域の主導的組織と緊密に連携しており、地域の経済発展を達成するための重要な要素となっている。また、これらのファンドは、地域全体を統一的に活性化するような手法を採用する場合もあり、その際は工業、商業あるいは複合利用の不動産、低価格の賃貸住宅および成長企業（不動産ベンチャーや事業ベンチャーなど）に投資する地域的なファミリー・ファンドを組織することもある。特に、大都市圏は、その地理的規模において規模の効率性を

---

[5] La Franchi et al.（2007）, 11頁、参照。以下、2節の記述は、本書11〜14頁に依拠しているが、煩瑣になるので、該当頁は注記しない。

達成するうえで理想的とされる。つまり、大都市はファンド設立や投資の面で十分な規模を有していると同時に、ビジネス・リーダーや地域のリーダーたちがネットワークを形成し、信頼を築き、情報を共有するという面では十分に集約的であり、これによってコラボレーションや、新技術開発などが促進される。これらの点を考慮すると、ファースト・ボトムラインおよびセカンド・ボトムラインを達成するうえで、大都市圏では出資者主導型DBLファンドのほうが経済的かつ社会的に有利である。実際、これらのファンドは大都市圏で増加している。また、大都市圏は中低所得地域を地域経済に組み込んでいくうえで必要とされる、経済ないし社会資本形成にとっても理想的とされる。つまり、中低所得地域の企業は、より広範な地域経済に財・サービスを販売する一方、中低所得地域には、付加価値や雇用がもたらされ、地域活性化につながるからである。

次に、**マネージャー主導型DBLファンド**は、専門のファンド・マネージャーが運用するファンドであり、都市の不動産市場やベンチャー企業のなかから、看過されたものを探し出し、大規模な投資を行う点が特徴である。これらのマネージャー主導型DBLファンドには、非営利の出資者はおらず、全国型と地域型に分かれる。これらファンドの資金規模は大きく、その投資は1,000万ドルから4,000万ドル以上の株式投資である。これらのファンドが大規模の新規の商業・工業ないし住宅開発を行うことで、旧市街地は大きく様変わりする。なお、マネージャー主導型DBL事業金融ファンドの投資対象は、ベンチャー企業ないしメザニンであり、成長性のある事業を全国ブランドに育てることを試みており、その事業には、マイノリティが所有しているものも含まれている。大半のマネージャー主導型DBLファンドは、必ずしも特定地域に限定して投資を行うものではなく、投資機会を探りながら、さまざまな都市の案件において大規模な投資を行う。

第三に、**地域開発ベンチャー・キャピタル・ファンド**（以下、「CDVCファンド」という）には、出資者主導型とマネージャー主導型とがあるが、大部

図表6-2 ファンド類型別のファンド数・資金調達額

	ファンド数	資金調達額
出資者主導型 DBL 不動産ファンド	14	12.8億ドル
出資者主導型 DBL 事業金融ファンド	6	7.56億ドル
マネージャー主導型 DBL 不動産ファンド	5	22.5億ドル
マネージャー主導型 DBL 事業金融ファンド	5	8.42億ドル
地域開発ベンチャー・キャピタル・ファンド	60	8.70億ドル

(出所) 図表6-1に同じ。12〜13ページ。

分は地域限定型である。CDVCファンドは、低迷した地域の雇用を促進し、起業意欲を高め、付加価値を向上させるため、中低所得地域の個人企業への投資などの手法を駆使している。

　この三つのファンド類型を敷衍すれば、出資者主導型は、地域の行政機関やNPO（ここでいう非営利の出資者）が主導し、さまざまな投資資金を集めて設立されるものであり、外部のファンド・マネージャーが雇用されることになる。それに対し、マネージャー主導型は専門のファンド・マネージャーを有するファンド運用会社が投資家の資金を集めてファンドを設立・運用するものであり、行政やNPOは関与しない。さらに、CDVCは、このような投資を自己資金で賄うものを指すと考えられる。

　このように考えると、日本の地域再生ファンドは、出資者主導型とマネージャー主導型がともに存在している。前者は、地元自治体や行政機関の主導により設立され、その投資資金には公的な資金や地域金融機関の資金も含まれている。後者は、地域再生ファンドを手掛けるファンド運用会社が地域金融機関と連携して設立したものである[6]。

6　注11を参照。

第 6 章　米国のダブル・ボトムライン投資ファンド

3　DBL ファンドの成功要因

　デボラ・ラフランチ、ベルデン・ハル・ダニエルズは、共著論文[7]のなかで、DBL ファンドの成功要因として以下の10項目をあげている。両者は、前節で紹介した *The Double Bottom Line Handbook* の共著者であるとともに、DBL ファンドの運用会社の経営トップを務めている。デボラ・ラフランチ氏は、DBL ファンド設立・運用会社、ストラテジック・デベロップメント・ソリューションズ（Strategic Development Solutions、以下、「SDS」という）の設立者・CEO である。SDS は、低所得地域の活性化と環境改善を図る投資戦略を提供しており、市場ベースの社会・環境面のソリューションを提供すべく、DBL/TBL プライベート・エクイティ・ファンドの設立・運営を行っている。また、低所得地域に対して非営利サービスを提供する戦略の立案と資金も提供している[8]。SDS の提携先が、エコノミック・イノベーション・インターナショナル・インク（Economic Innovation International, Inc. 以下、「EII」という）であり、その設立者・CEO がベルデン・ハル・ダニエルズ氏である。EII は、都市の諸問題の解決を使命として、1970年にボストンで設立され、SDS などと連携しながら、DBL/TBL プライベート・エクイティ・ファンドを運用している。運用資金は1000億ドル以上であり、米国だけでなく、ヨーロッパやアジアにも投資している。また、ダニエルズ氏はハーバードや MIT で長年にわたって教壇に立っている[9]。したがって、以下の10項目は、彼らの実際の取組みから経験的に導き出されたものと考えられる。

　① 「国内新興市場」としての中低所得地域への投資

---

[7]　Daniels and La Franchi（2006）．1～19頁、参照。以下、3節の記述は、本論文に依拠しているが、煩瑣になるので、該当頁は注記しない。
[8]　同社 HP: http://sdsgroup.com/index.html#
[9]　同社 HP: http://www.economic-innovation.com/

その目的は、雇用と付加価値創出だけでなく、地域活性化に貢献することである。また、このようなアプローチは、これらの地域を「低開発」とする長年の偏見を取り除き、「国内新興市場」へと見方を変化させるものである。従来、低所得地域に対しては、「隔離」政策が採用され、当該地域だけの再建に焦点を当てたものであり、この政策では、開発プロジェクトの実施はわずかな交付金や補助金に大きく左右されてきた。しかし、最近の取組みでは、低所得地域の活性化計画は、これらの地域がより大きな地域に統合されることで奏功することを示し、高く評価されている。

② 地域経済全体への貢献

中低所得地域の過小評価資産が再評価され、有効活用されることで、地域の経済発展に市場価値が付加される。このような取組みには、地域経済の発展を促進する非雇用労働力の生産的活用、低所得地域から国内外のより広範囲な市場への財・サービスの輸出、過小評価不動産の開発、未利用のインフラの生産的活用などを含んでいる。

③ 二つのボトムラインを満足させるだけのファンド規模

DBLファンドは、十分に大きな市場を有し、相当規模の投資を行うことで、能力の高い、実績のあるファンド・マネージャーを誘引する必要がある。つまり、高度なスキルをもったファンド・マネージャーを有し、相当規模の投資を行うことで、二つのボトムラインにおいて期待収益が達成され、機関投資家の信頼も獲得できる。したがって、かなりの資金規模のファンドを組成する必要がある。図表6-3は、このようなファンドの例である。

④ DBLファンドに対する地域のリーダーシップの強力な支援

DBLファンドの設立に成功するには、その地域の非営利のリーダーたちが、組織の壁を越えた協力関係を有している必要がある。そうして初めて、人的資本、技術、資金、インフラなどの相異なる資本を統合す

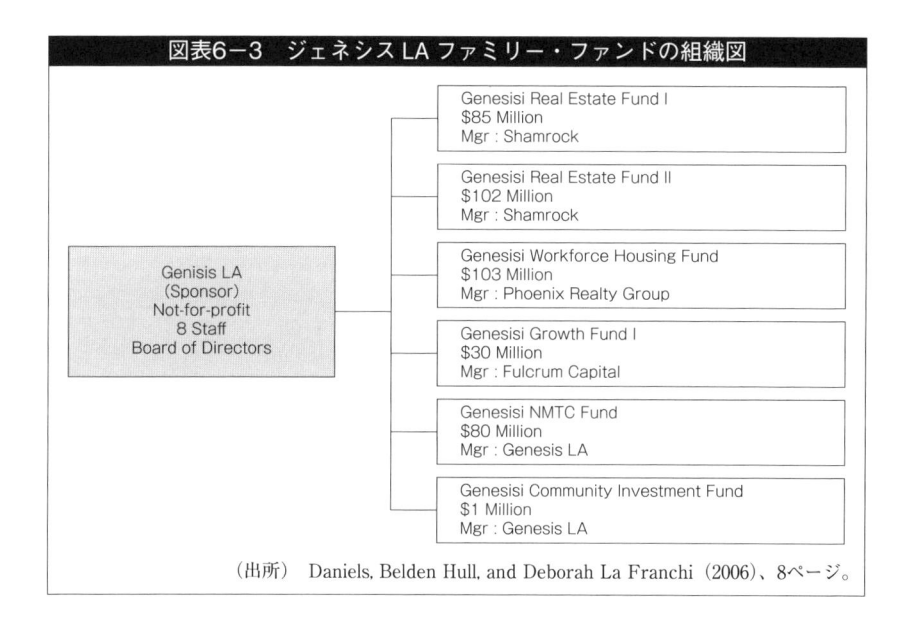

図表6-3 ジェネシスLAファミリー・ファンドの組織図

```
Genisis LA                    ┌─ Genesisi Real Estate Fund I
(Sponsor)                     │  $85 Million
Not-for-profit                │  Mgr : Shamrock
8 Staff                       │
Board of Directors            ├─ Genesisi Real Estate Fund II
                              │  $102 Million
                              │  Mgr : Shamrock
                              │
                              ├─ Genesisi Workforce Housing Fund
                              │  $103 Million
                              │  Mgr : Phoenix Realty Group
                              │
                              ├─ Genesisi Growth Fund I
                              │  $30 Million
                              │  Mgr : Fulcrum Capital
                              │
                              ├─ Genesisi NMTC Fund
                              │  $80 Million
                              │  Mgr : Genesis LA
                              │
                              └─ Genesisi Community Investment Fund
                                 $1 Million
                                 Mgr : Genesis LA
```

（出所）　Daniels, Belden Hull, and Deborah La Franchi（2006）、8ページ。

ることが可能となる。つまり、地域型のファンド設立の牽引役となるのは、このような地域の利害関係者である。

⑤　非営利目的のファンド出資者による設立と監督

　DBLファンドにおいては、ファンド・マネージャーと地域の非営利のパートナーとが協力関係を形成することで、高く評価され、その非営利のパートナーがDBLファンドを監督する場合、最もよい結果がもたらされる。なお、この非営利のファンド出資者の役割は、ファンド・マネージャーの人選、その契約条項の交渉、資金調達支援、セカンド・ボトムラインの達成の監視、地域支援の得られないプロジェクトの排除、雇用や付加価値創出につながる役割、パフォーマンス監査と開示、運用手数料と収益分配への参加、などである。

⑥　実績のあるプライベート・エクイティ・ファンド・マネージャーの従事

DBLファンド投資の成功要因は、誰もが損失としかみなさなかったものに対して、ファンド・マネージャーが価値を見出すところにある。つまり、プライベート・エクイティ投資の本質は、逆張りにあり、そのファンド・マネージャーは、過小評価された資産にスポットを当て、市場の障壁を除去することによってのみ利益をあげうる。ただし、このようなファンド・マネージャーの活動は、証券市場での裁定取引が投資家間の利益移転によって収益を生み出すのとは異なり、新しい価値創造である。さらに、ファンド・マネージャーは、投資家に元本と7〜9％のリターンを提供してはじめて、収益が分配される。ファンド・マネージャーはリスク管理と投資機会の発見に長けていなければならない。

⑦　ファースト・ボトムラインなくしてセカンド・ボトムラインなし

　機関投資家がDBLファンドに継続的に投資するのは、市場実勢に応じたリターンを得ることができるからである。最近のDBLプライベート・エクイティ・ファンドのマネージャーは、低所得地域の活性化に投資機会を見出す際、市場の不完全性の要因を五つあげている。それは、「不完全なリスク評価・分散メカニズム」「高い情報・取引コスト」「市場の偏見」「非効率な市場競争」および「市場抑圧的な政策」である。

⑧　規模の大きな機関投資家の獲得

　近年、DBLファンドに投資を行ってきたのは、全米規模の商業銀行、財団、保険、年金基金、非営利企業、大学基金、労組基金、富裕層などであり、これらの投資家が継続的に投資を行ってきたのである。その理由は、これらの投資家が期待する投資収益率を満足できたからにほかならないが、それぞれの機関投資家によって、これ以外の投資誘因も存在する。たとえば、商業銀行にとって重要なことは、平均的なリターンよりも高い収益をあげられるかどうかであるが、財団にとっては、「プログラム・リレーティッド・インベストメント」（PRIs）が重要である[10]。

⑨　単一のファンドではなく、長期の開発を担いうるファミリー・ファン

第 6 章　米国のダブル・ボトムライン投資ファンド

ドの形成

　DBL ファンドの出資者の使命は単一のファンドを組成することではなく、ファミリー・ファンドを構成し、長期にわたり持続可能な仕組みを構築することである。これによって中低所得地域に長期的な経済発展がもたらされる。つまり、図表 6 - 4 に示されるように、ファンド I が 4、5 年の期間内に全資金のコミットメントを投資し、8 年目までに投資を回収する。これをベースにして、4 年目までにファンド II の組成を開始する。ファンド I の成功はより規模の大きなファンド II の組成につながり、それが成功すれば、さらに規模の大きなファンド III が組成される。このようにファンドがリスク調整済みのリターンを生み出す限り、ファンドは拡大し、地域の利害関係者に雇用、付加価値および健全な環境を提供することになる。

⑩　スマート・グロース・ファンドの三つの E

　経済（Economy）の繁栄、社会的公平性（Equity）および健全な環境（Environment）が創出されるような投資設計。これらの三つの E は相互に補強しあう関係であり、持続可能な成長は、これら三つの要素によっ

10　たとえば、ロックフェラー財団は、PRIs を次のように説明している。プログラム投資とは、財団がその計画目標を達成するために採用する投資手法の一つであり、助成金に類似している面もあるが、助成金とは異なり、これを採用すれば、財団は資金を反復的に循環させることができる。また、PRIs は融資、株式投資あるいは保証など、さまざまな形式を採用できるので、資金の受け手のニーズに柔軟に対応できる。このため PRIs は、助成金よりも財団資金の効率的な運用につながることもある。他方、社会的使命をもった慈善団体や民間のベンチャーにとって、PRIs は必要な資金獲得手段となっており、一般的には市場での資金調達よりも有利な条件で調達できる。このような投資を受けることで、当該団体の信用履歴や信用力が向上するため、将来的には民間金融機関からの融資を受けやすくなる。なお、同財団の PRIs として、以下があげられている。Resident Ownership Capital, LLC（200 万ドル、融資）、Juhudi Kilimo Company Limited（75 万ドル、融資）、The Disability Fund（75 万ドル、融資）、African Agricultural Capital Limited（200 万ドル、株式）、Social Impact Partnership LP（50 万ドル、株式）、IGNIA Partners, LLC（100 万ドル、株式）など。
　http://www.rockefellerfoundation.org/what-we-do/program-related-investments/

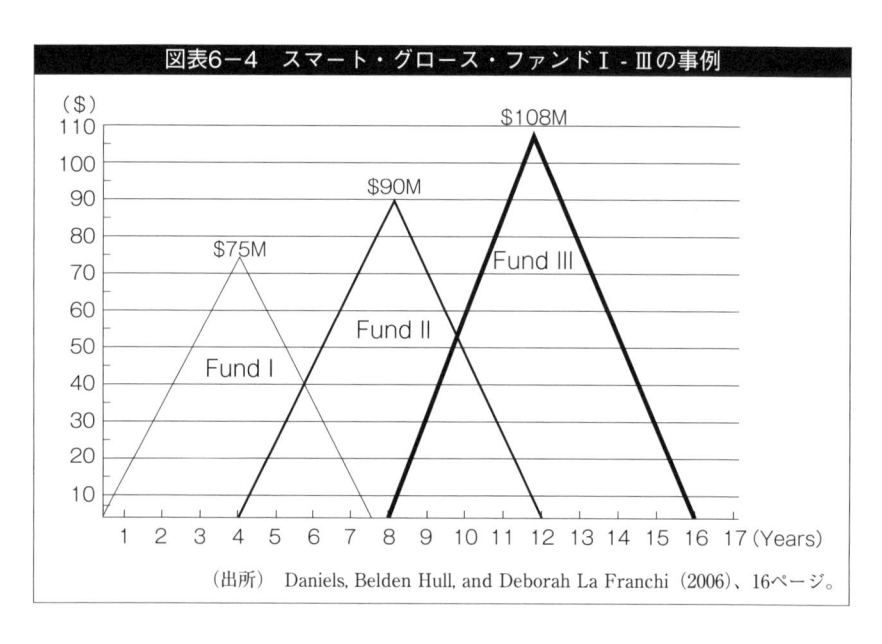

図表6-4　スマート・グロース・ファンドⅠ-Ⅲの事例

(出所) Daniels, Belden Hull, and Deborah La Franchi (2006)、16ページ。

て支えられ、どれ一つを欠くこともできない。DBL投資の最良の取組みは、企業は金銭的な利益を得ることに成功しなければならないという単純な前提条件、すなわちファースト・ボトムラインが基本であるが、逆に持続可能な成長の基盤は、セカンド・ボトムラインの重要性を認識している企業である。このような企業は、株主、経営者、従業員、顧客、納入業者、地域社会および環境などすべての利害関係者と好ましい関係を築きあげようとしている。実際、優良企業は、二つのボトムラインにおいても優良企業である場合が少なくない。いまや収益性は、金銭的な側面同様、経済、社会および環境の側面から再定義されつつある。DBLファンドもこの両面に焦点を置くことで、トラック・レコードに実績を残している。

4 SROIによる評価

　DBL投資において、セカンド・ボトムラインをどのようにして客観的かつ定量的に評価するかは重要な課題である。セカンド・ボトムラインの評価が主観的であると、DBL投資は、出資者の自己満足だけに終わる可能性や詐欺まがいの商品設計が行われる危険性もある。そこで、注目されるのが、社会的投資収益率（SROI）の考え方である。この考え方は、1990年代後半、米国の投資ファンド Roberts Enterprise Development Foundation（以下、「REDF」という）によって開発されたとされる[11]。

　このREDFは、1997年に設立された、サンフランシスコに拠点を置くベンチャー型の慈善団体であり、社会的企業の拡大のため、カリフォルニアの非営利組織に対して、株式型の資金援助や事業支援を行っている。なお、REDFは、厳格なデューデリジェンスによって、パフォーマンスの良い非営利組織を選定しており、これによって支援先の非営利組織だけでなく、資金提供者、社会的企業の立地地域にも価値を付加している。現在、REDFが支援してきた50社の社会的企業は、6,500名を雇用し、1億1,500万ドル以上の収益をあげている[12]。したがって、SROIの考え方もこのような取組みのなかで生まれたものであり、SROIの測定によって、社会的価値の創出が投資家に示されるようになったと考えられる。現在、SROIの利用は、かなり広範なものとなっている。また、その測定手法は、イギリスのシンクタンク nef（new economics foundation）によって応用・発展されたといわれており、

---

[11] 山口高弘・武田佳奈・伊藤利江子「ソーシャル・イノベーションの加速に向けたSROIとSIB利用のススメ」『NRIパブリックマネジメントレビュー』Vol.103、2012年2月、1頁、中小企業総合研究機構『ソーシャル・ビジネスの事業構造と評価に関する調査研究』中小企業総合研究機構、2012年3月、124頁、参照。

[12] 同社HP：http://www.redf.org/about-redf、参照。

計算式としては、通常次式が示されている[13]。

SROI= 貨幣価値換算の社会的価値÷投入費用

したがって、社会的価値を貨幣換算することで、定量的かつ客観的に示すことが試みられている。

そこで、社会的価値を貨幣換算し、SROIを算出するプロセスが重要となるが、このプロセスについては、イギリスの第三セクターであるCabinet Officeによる"A guide to Cabinet Office"[14]の手法がよく紹介されており、支持されているようである。同書で示された手法を簡単にまとめると、以下である。

第一段階：評価対象の明確化およびステークホルダーの確定
第二段階：インパクトマップ（インプットとアウトプットの相関図）の作成、インプットの確定・評価、アウトプットの明確化、アウトカムの表示
第三段階：アウトカム指標の作成、アウトカムデータの収集、アウトカムの持続性評価、アウトカムの貨幣換算
第四段階：インパクトの確定
第五段階：SROIの計算

このような手法は、さまざまな方面で採用されており、イギリスなどでは、第三者的な立場でSROI分析を行う中間組織も存在し、その分析結果が投資促進に活用されているといわれている。さらに、SROIの考え方をベースにした債券、Social Impact bondも発行されている。この債券は、社会的なインパクト与える事業が発行する債券であり、投資家は社会の価値創出に応じてリターンを得るスキームになっている。

以上のようなSROIの手法は、DBL投資にも取り入れられうるものと考

---

[13] 前掲、注19、参照。
[14] Cabinet Office "A guide to Social Return on Investment"：http://www.socialevaluator.eu/ip/uploads/tblDownload/SROI%20Guide.pdf、参照。

第6章 米国のダブル・ボトムライン投資ファンド

えられ、これによって定量的かつ客観的な評価が促されるものと期待される。具体的には、次のようなプロセスで、セカンド・ボトムラインを評価できるものと思われる。

たとえば、風力や太陽光など、再生可能エネルギーに投資するファンドのセカンド・ボトムラインのスコープとして、①CO_2排出削減、②雇用創出・拡大、③再生可能エネルギー関連産業への波及効果、④他産業への波及効果、などがあげられる。現在、福島県では、福島県沖浮体式洋上風力発電の計画[15]が進められており、すでに丸紅をプロジェクトインテグレーターとして、東京大学、三菱商事、三菱重工、アイ・エイチ・アイ・マリンユナイテッド、三井造船、新日鉄、日立製作所、古河電気工業、清水建設、みずほ情報総研からなる「福島洋上風力コンソーシアム」が設立され、2012年から福島沖実証研究が開始されている。

このプロジェクトが実現した場合、以下の成果が得られる可能性が指摘できる。

① CO_2削減効果

同プロジェクトは、実証研究段階において2014年までに2MW発電施設1基、7MW発電施設2基を整備する計画であり、将来的に本格的な導入プロジェクトに発展すれば、それに伴いCO_2削減効果が期待される[16]。また、CO_2削減量は、排出権取引によって市場取引されているため、

---

[15] 本プロジェクトについては、大越正浩（福島県商工労働部産業創出課）「福島県沖浮体式風力発電と産業集積について」（第70回新エネルギー講演会「風力発電の拡大と産業振興」2013年2月15日、日本電機工業会主催、日本工業会館にて開催）、配布資料、参照。

[16] 風力発電によるCO_2排出削減効果については、様々な調査や試算がある。下記HPにそれぞれの機関による調査・研究結果が公表されている。
独立行政法人　産業総合技術研究所：http://unit.aist.go.jp/rcpvt/ci/about_pv/e_source/RE-energypayback.html
財団法人　エネルギー総合工学研究所：http://www.iae.or.jp/energyinfo/energydata/data6007.html
電力中央研究所：http://criepi.denken.or.jp/jp/kenkikaku/report/leaflet/Y09027.pdf

貨幣換算しやすい指標となる。
② 雇用創出効果

　100万KWの洋上風力発電設備につき、2万2,000人の雇用創出が期待され、試算によれば、このうち2,200人（約10％程度）が福島県で雇用される可能性があるとされる[17]。また、設備のメンテナンスにおいても継続的な雇用確保が期待できる。これらの雇用創出効果も貨幣換算しやすい指標である。

③ 関連産業への波及効果

　風力発電施設は、1〜2万点の部品からなる自動車関連型産業であるといわれており、洋上風力発電設備を建設するためには、タワー、ロター、ナセルをはじめ、ローター軸受、ローターハブ、ヨー軸受、発電機、主軸、さらには高性能鋼材、ライザーケーブル、炭素繊維など、広範なサプライチェーンを必要とする。これらの産業への波及効果も期待できる。そこでこれらを定量的に評価し、貨幣換算する必要があるだろう。

④ 他産業への波及効果

　洋上風力発電では、地元の漁業関係者との漁業権や航行安全性などをめぐる交渉が生じるが、逆に漁業との共存の可能性も示唆されている。たとえば、洋上風力発電施設が集魚効果をもたらし、漁業に好影響を与える可能性があることが示唆されている。また、浮体周辺を海洋牧場化する構想も考えられる。これらの効果も定量的に評価し、貨幣換算できるだろう。

以上の効果は、いずれもセカンド・ボトムラインに相当するものであり、

---

[17] 注23の報告による。なお、再生可能エネルギー導入による雇用創出効果については、マクロ経済学の観点から興味深い研究が行われている。小野善康・松原弘直・小川敦之「エネルギー転換の雇用効果」大阪大学社会経済研究所、ISER Discussion Paper No.846, May 2012、参照。

貨幣換算し、定量的かつ客観的に評価することができるものと思われる。したがって、このようなプロセスによって、ファースト・ボトムラインのリターンとセカンド・ボトムラインのリターンとが貨幣価値に換算され、可視化される。どうしても「ふるさと投資」の場合、投資のモチベーションが投資家の志や善意に基づく、曖昧なものとなりやすく、ひとつ間違えば、そのような曖昧さが投資家の不信感の拡大や、詐欺まがいの金融商品の組成・販売につながることが懸念される。しかし、このようにして二つのボトムラインが測定・評価されれば、その懸念が緩和ないし払拭されるものと期待される。

5 まとめ

　本章では、米国のDBLファンドの概要と種類、さらにファンド運用のコンセプトやスキームについて、ファンド設立・運用に携わっている、デボラ・ラフランチ、ベルデン・ハル・ダニエルズらの共著や論文に依拠して紹介した。そのうえで、セカンド・ボトムラインの定量的かつ客観的評価手法について検討した。

　米国のDBLファンドについて、本章で依拠した論文等の著者らの説明によれば、米国のDBLファンドは地域再生ファンドの側面が強く、特に都市再生に焦点を当てているようである。ただし、日本の地域再生ファンドが中堅・中小企業の債権買取に焦点を当てていたのに対し、米国のDBLファンドは地域の面的な再生を企図している点で、より大きな影響力を有しているものと考えられる。

　しかし、彼らの説明は、その立場上、設立・運用者側の視点に立って書かれており、必ずしも客観的なものではない可能性もある。したがって、客観的かつ中立の立場から、これらDBLファンドの運用実態やパフォーマンス、地域再生への影響などを考察する必要があり、今後の検討課題である。

他方、日本のDBLファンドに関しては、本章の対象外である[18]が、下記の点が指摘できる。

第一に、再生可能エネルギー投資ファンドについては、市民出資型ファンドが多くみられるのが特徴である。市民出資型は、市民の環境意識向上を促し、エネルギーの地産地消を促すメリットがある。特に、「コミュニティ・パワー三原則」にのっとった取組みを進めるうえでも重要なスキームであると考えられる。この三原則とは、①地域の利害関係者が全部もしくは過半数の所有権を有する、②意思決定は地域に根差した機関が行う、③社会的・経済的便益は地域に分配される、というものであり、数年前から世界風力エネルギー協会（World Energy Power Association）のワーキング・グループが議論を積み重ね、2011年5月に採択・発表されたものであり[19]、風力だけでなく、再生可能エネルギー全般を導入・拡大するうえで、重要な指針となるものと考えられる。しかし、その半面、市民出資型ファンドは、出資者が小口分散しているため資金調達コストや労力が多大であるにもかかわらず、出資総額は小規模にとどまらざるをえない。そのため、多数の施設を建設・運用することでリスク分散を図ることがむずかしい面がある。また、一般の市民が出資者となった場合、ファンドのスキームに対する理解が十分ではなく、これが調達・運用側にとって障害となる可能性もある。

逆に、大規模なファンドは、金融機関や機関投資家から巨額の資金を集めるため、資金調達の効率性が高く、調達コストも低く抑えることができる。また、巨額の資金でプロジェクトを遂行した場合、リスク分散を図ることも容易である。しかし、その半面、投機的資金が流出入し、再生可能エネルギー・バブルを引き起こす可能性もある。さらに、前述の三原則にのっとっ

---

[18] 日本のDBLに関しては、「日米のダブル・ボトムライン投資ファンド」（下）『証券経済研究』（日本証券経済研究所）、第79号、2012年9月、55～77頁、参照。
[19] World Energy Power Association：http://www.wwindea.org/home/index.php?option=com_content&task=view&id=309&Itemid=40

第 6 章　米国のダブル・ボトムライン投資ファンド

た取組みから乖離する可能性もある。つまり、再生可能エネルギー施設の立地地域は、単なるエネルギーの供給地となり、その便益が必ずしも地域に還元されない可能性も考えられる。

　このように両者には、それぞれメリットとデメリットがあるが、今後の一国全体として再生可能エネルギーを導入・拡大するためには、大規模なファンドやプロジェクト・ファイナンスの役割が不可欠である。したがって、大規模プロジェクトを遂行するうえで、どのように三原則を取り込んでいくかが課題となるだろう。つまり、地域との親和性を強め、地域社会や地域経済と win-win の関係を築いていけるかどうかが重要である。その際、本章で紹介した、セカンド・ボトムラインを測定し評価することが有効であろう。特に、地域に還元される社会的価値が明確化されれば、地域との親和性も高まるものと思われる。

　第二に、農業ファンドや地域再生ファンドなどについては、政府や行政が関与あるいは主導しているものが多いことが特徴である。日本で設立されてきた地域再生ファンドは、その設立の提唱、ファンドへの出資、中小企業再生支援協議会を通じた連携など、さまざまな局面で公的機関が関与することが多い。これによって、地元におけるファンドに対する認知度が高まる、債権者間調整がスムーズに行われやすい、免除益課税や金融機関の無税償却において優遇措置が得られる、金融機関の債務者区分が引き上げられる可能性がある、などのメリットがあるが、DBL の両立という観点からすると、政策投資の側面が強くなる可能性がある。その点でも、二つのボトムラインを明確にする必要があるだろう。

　第三に、本章で紹介した米国の DBL ファンドは、地域再生ファンドの側面が強く、日本の地域再生ファンドと類似性を有しているが、日本の場合、投資対象は地域金融機関が保有する地域中堅・中小企業向け債権の買取りが中心であり、不良債権処理の側面が強い。それに対して、米国の DBL ファンドは、地域の面的な再生を志向する側面が強いように思われる。地域再生

第6章　米国のダブル・ボトムライン投資ファンド

においては、地域全体を面的に再生・活性化する視点が重要であることはいうまでもない。地域の中堅・中小企業の窮境要因は、当該地域の地盤低下や市場縮小を背景としている場合が多く、地域の中堅・中小企業の再生には、地域活性化や再生が不可欠である。その意味からも、米国のDBLファンドの取組みは注目に値するものと思われる。

おわりに

わが国資金供給構造の将来像

　金融市場が、実体経済を支え、また老朽化に直面する官民のインフラ更新を資金面で支える持続可能なシステムとして機能することは、これまでも多くの国民によって期待されてきた。

　しかしながら、これまで述べてきたように、従来のようなわが国独特の公的資金媒介の仕組みと、ますます単線化が進む銀行を中心とした現在の間接金融の枠組みのみによっては、金融市場がそうした期待に十分に対応することができないことも近年明らかとなってきた。

　1,450兆円の個人資産を抱えるわが国にとって、それは解決すべき大きな課題である。そして、この課題にいかに向き合っていくかによって、日本経済の将来が大きく左右されるといっても過言ではないだろう。

　本書ではそうした問題意識に立ち、これまでの章で、従来の日本型金融システムを補うものとして、複線的金融媒介システムを構築することの必要性と、この10年余りの間に行われてきた代表的な取組みを紹介し、またダブル・ボトムライン投資に代表される新しい米国の動向を紹介してきた。

　わが国の不動産・インフラの分野においては、その再生や更新に長期資金やメザニン資金の安定的な供給が欠かせないことは明らかで、この分野における銀行部門の資金媒介における対応力に今後とも限界があることを考えると、銀行部門を補完し、年金や海外資金を誘導できるサブシステムとしての不動産投資市場を、特に長期資金・メザニン資金の供給能力の強化という視点に立って戦略的に構築していくことは、今後とも必要なことである。

　PFIやレベニュー債、カバードボンド、ノンリコースローン市場の整備などについての議論も、それぞれ単品ではなく、そうした役割を担った不動産投資市場という一つのシステムが適正に機能するために何を準備すべきか、

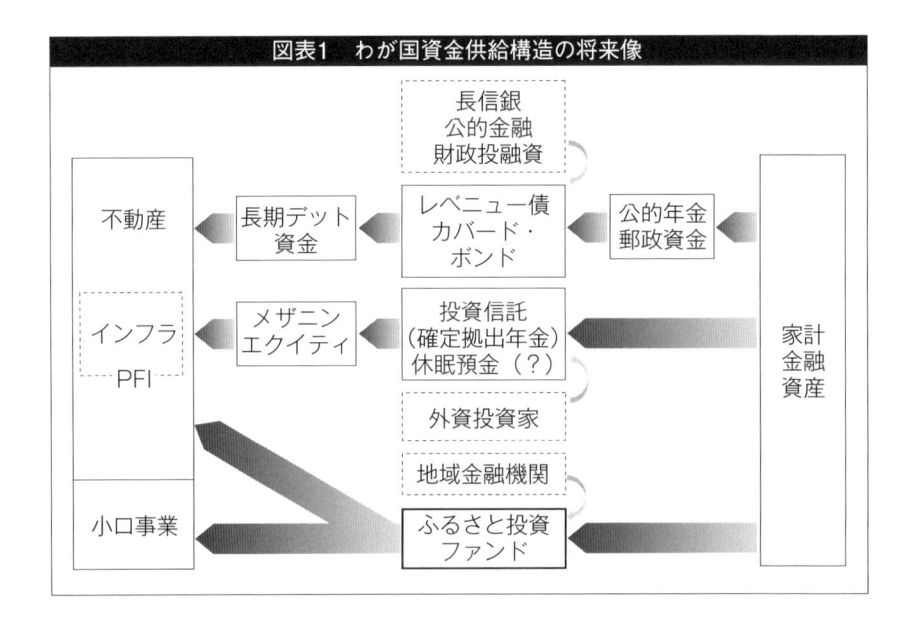

図表1　わが国資金供給構造の将来像

不動産	← 長期デット資金 ←	長信銀 公的金融 財政投融資	
		レベニュー債 カバード・ボンド	← 公的年金 郵政資金
インフラ PFI	← メザニンエクイティ ←	投資信託（確定拠出年金） 休眠預金（？）	
		外資投資家	
		地域金融機関	
小口事業		ふるさと投資ファンド	← 家計金融資産

という文脈のなかで長期的な視点に立って検討が進められるべきものである。

　また、家計の金融資産を生かすことのできる「第三の資金媒介経路」としての「ふるさと投資ファンド」は、従来の日本型金融システムの資金供給面での機能を補うことを念頭に置いた近年の金融イノベーションに基づく日本発の小口投資スキームである、ということができる（図表1）。

　そして、「ふるさと投資ファンド」は、将来その市場規模が大きくなることにより、単なる個別の事業への投資という現在の役割を超えて、学校や病院などを含むさまざまな地域のインフラ事業へのメザニン資金の出し手として、新たな役割を担うことができるものと期待されている。そのためにクリアすべき課題の一部を本書では述べてきた。

　「ふるさと投資」を今後の地域経済の活性化に向けた資金の総合的で持続可能な供給源の一つと位置づけ、官民一体となってこれを後押ししようと「ふ

おわりに

るさと投資プラットフォーム」の立上げに向けた作業が現在進んでいる。今後は、この「ふるさと投資プラットフォーム」の活動などを軸に、官民が連携しながらさまざまな規制環境の整備を図り、地域経済や若者・女性の起業を生かし、日本経済の再生を力強く後押しできる「ふるさと投資」市場の整備が進み、それを担うファンド組成業者、販売業者、「ふるさと投資ファンド」を活用してさまざまな事業に取り組む営業者、自治体や地域金融機関などを含むプレーヤーによる新たな金融産業のビジネスモデルの構築が進むことが期待されている。

実体経済を支える国内金融システムの資金供給面での対応力強化を図りながら、新しい日本型金融システムの持続可能な成長モデルを構築する今後の取組みにおいて、本書において提示してきた論点が生かされることを願ってやまない。

なお、本書の執筆にあたり、先に述べた内閣官房地域活性化統合事務局のふるさと投資プラットフォーム推進協議会の座長を務められた慶應義塾大学・塩澤修平教授、同じく委員を務められた慶應義塾大学・吉野直行教授(金融審議会会長)からは、同協議会の準備段階からさまざまな示唆をいただいた。「顔のみえる投資」の重要性を提唱される塩澤教授からは、ふるさと投資の推進についてさまざまな応援をいただき、企業の育成と地域経済再生の観点から、「地域の人が地域の企業を応援する地域ファンド」の考え方を唱えてこられた吉野教授からは、リレーションシップバンキングの枠組みにおいて「ふるさと投資ファンド」を活用するという視点や、アジア諸国への展開可能性について、貴重な示唆をいただいた。

ここに記して謝意を表したい。

参考文献

〔第1・2・3章〕

Naoyuki Yoshino ; Sahoko Kaji (Eds.) Hometown Investment Trust Funds : A stable Way to Supply Risk Capital (Springer 2013)

Atsuo Akai "The transformation of Japan's Financial Market and the Future of the Real Estate securitization business", CMBS World, Fall 2007, CMSA

吉野直行・塩澤修平・嘉治佐保子編『ふるさと投資ファンド－意欲ある中小企業が資金を得る仕組み』慶應義塾大学出版会　2013年（第2章「地域活性化の観点からみた国内資金供給構造の課題と方向性」（赤井厚雄））

赤井厚雄「世界金融危機の教訓と日本型アセットファイナンス市場の可能性：実体経済を支えるファイナンスの枠組み構築にあたっての検討事項」（『証券経済学会年報』　第45号　2010年7月　証券経済学会）

赤井厚雄「都市の魅力を高めるプロジェクトを支える金融の枠組み」（『経団連経済 TREND』2010年9月号）

赤井厚雄「日本型アセットファイナンス市場の確立と不動産情報の整備」（『資産評価政策学第12巻1号』2009年8月　資産評価政策学会）

日本証券業協会「証券化商品の販売に関するワーキンググループ　最終報告」（2009年3月）http://www.jsda.or.jp/shiryo/houkokusyo/h21/shoukenka_wg_final.html

社団法人再開発コーディネーター協会「地方のまちづくりに役立つノンリコースローン市場整備に関する研究会　報告書」（2008年7月）

国土交通省「地方のまちづくりに役立つノンリコースローン供給促進事業の実施及びアレンジャー募集について」（2009年4月国土交通省報道発表資料）http://www.mlit.go.jp/report/press/house06_hh_000024.html

国土交通省「不動産投資市場戦略会議　最終報告」（2010年12月）http://www.mlit.go.jp/totikensangyo/const/sosei_const_tk3_000018.html

都市再生本部「都市再生基本方針」（2011年2月　全面改訂版）http://www.toshisaisei.go.jp/kihonhoushin_kaitei/zenmenkaitei.pdf

金融庁「金融資本市場及び金融産業の活性化等のためのアクションプラン」（2010年12月）http://www.fsa.go.jp/news/22/sonota/20101224-5.html

金融庁「レベニュー債に係る税制措置のQ&Aに公表について」（2012年5月）http://www.fsa.go.jp/news/23/sonota/20120529-1.html

〔第6章〕

Alter, Suita Kim. 2000. Managing the Double Bottom Line : A Business Planning Reference Guide for Social Enterprises, Washington, DC : Pact Publications.

Cabinet Office. 2009. A guide to Social Return on Investment, http://www.socialevaluator.eu/ip/uploads/tblDownload/SROI%20Guide.pdf

Daniels, Belden Hull, and Deborah La Franchi. 2006. "The Ten Keys To Double Bottom Line（DBL）Fund Success." in Strategic Development Solutions' HP: http://www.sdsgroup.com/pdf/10%20Keys%20to%20DBL%20Fund%20Success%20EII%20SDS%20060313.pdf

La Franchi, Deborah, Erin Flynn, James Nixon, Joseph Gross and Belden Hull Daniels. 2007. The Double Bottom Line Handbook : A Practitioner's Guide to Regional Double Bottom Line Investment Initiatives and Fund, in Strategic Development Solutions'HP : http://www.sdsgroup.com/dbl-handbook.html

小野善康・松原弘直・小川敦之「エネルギー転換の雇用効果」大阪大学社会経済研究所、ISER Discussion Paper No.846, May 2012

中小企業総合研究機構『ソーシャル・ビジネスの事業構造と評価に関する調査研究』中小企業総合研究機構、2012年3月

松尾順介「風力・太陽光発電ファンドの展開〜市民出資型ファンドを中心に〜」、『証研レポート』（日本証券経済研究所・大阪研究所）、No.1661、2010年8月

松尾順介「農林業再生と投資ファンド・金融機関」、『証研レポート』（日本証券経済研究所・大阪研究所）、No.1663、2010年12月

松尾順介「再生可能エネルギーファンドの現状」、『証研レポート』（日本証券経済研究所・大阪研究所）、No.1667、2011年8月

松尾順介「ファンドスキームの様々な取り組み－地域・環境再生との関連を中心に－」、『桃山学院大学総合研究所紀要』第36巻第3号、2011年3月

松尾順介「大手証券グループのファンド業務および各種のブティック型ファンド－自然エネルギー・環境・農林業関連を中心として－」（証券経営研究会編『金融規制の動向と証券業』日本証券経済研究所、2011年6月、第9章、所収）

松尾順介「日米のダブル・ボトムライン投資ファンド」（上）（下）『証券経済研究』（日本証券経済研究所）、第78号および第79号、2012年6月および9月

山口高弘・武田佳奈・伊藤利江子「ソーシャル・イノベーションの加速に向けたSROIとSIB利用のススメ」『NRIパブリックマネジメントレビュー』Vol.103、2012年2月

中小企業総合研究機構『ソーシャル・ビジネスの事業構造と評価に関する調査研究』中小企業総合研究機構、2012年3月

著者略歴

赤井　厚雄（あかい　あつお）

慶應義塾大学法学部卒業、東京大学 EMP 修了。現在、早稲田大学研究院客員教授、ミュージックセキュリティーズ株式会社監査役。国土交通省不動産投資市場戦略会議座長代理、内閣官房都市再生の推進に関する有識者ボード、同ふるさと投資プラットフォーム推進協議会、国土審議会不動産鑑定評価部会、国土交通省・世代間資産移転の促進に関する検討会等の委員を務める。［はじめに、第 1 章、第 2 章、第 3 章、おわりに］

小松　真実（こまつ　まさみ）

早稲田大学大学院ファイナンス研究科修了。ミュージックセキュリティーズ株式会社代表取締役。2000年に同社創業後、「もっと自由な音楽を。」をモットーに、音楽ファンド事業と音楽事業を開始。現在では純米酒の酒蔵、地域伝統産業等約180本のファンドを扱うマイクロ投資プラットフォーム「セキュリテ」の運営を行っている。［第 5 章］

松尾　順介（まつお　じゅんすけ）

京都大学大学院経済学研究科博士課程中退。現在、桃山学院大学経営学部教授。公益財団法人日本証券経済研究所兼任研究員、内閣官房ふるさと投資プラットフォーム推進協議会委員、大阪市立大学商学部非常勤講師、関西学院大学商学部非常勤講師などを務める。［第 6 章］

猪尾　愛隆（いのお　よしたか）

慶應義塾大学大学院政策・メディア研究科修了。ミュージックセキュリティーズ株式会社取締役。2005年より証券化事業部担当として、「セキュリテ」を利用する全国各地のさまざまな分野のこだわりをもったインディペンデントな事業者と応援したい個人出資者に向けたファンド組成・販売・運営業務を行っている。［第 5 章］

島村　昌征（しまむら　まさゆき）

中央大学法学部卒業。日本証券業協会に入社後、おもに旧証券取引法、金融証券取引法、税法などの法令改正対応に関する業務に従事。その後、一般社団法人第二種金融商品取引業協会の設立に関与し、設立後、同協会の事務局長として勤務。［第 4 章］

ふるさと投資のすべて
―金融システムを変える地域活性化小口投資入門―

平成25年5月23日　第1刷発行

著　者　赤井　厚雄／小松　真実
　　　　松尾　順介
発行者　冨川　洋
印刷所　図書印刷株式会社

〒160-8520　東京都新宿区南元町19
発行所・販売　株式会社きんざい
　編集部　TEL 03(3355)1770　FAX 03(3355)1776
　販売受付　TEL 03(3358)2891　FAX 03(3358)0037
　URL http://www.kinzai.jp/

・本書の内容の一部あるいは全部を無断で複写・複製・転訳載すること、および磁気または光記録媒体、コンピュータネットワーク上等へ入力することは、法律で認められた場合を除き、著作者および出版社の権利の侵害となります。
・落丁・乱丁本はお取替えいたします。定価はカバーに表示してあります。

ISBN978-4-322-12328-9

好評図書

心にひびく、のこる　投信販売力が身につく
コンプライアンス Answer

青山直子［著］
Ａ５判・並製・164頁・1,260円（税込⑤）

あなたは、あなたの顧客を知っていますか。本書を読めば、知らず知らずに投資信託販売力が身につく！

経済　金融　トレンドに強くなる
ワンランク上を目指す人のための実践的指南書

三菱ＵＦＪリサーチ＆コンサルティング調査部［著］
調査本部長　五十嵐敬喜［監修］
Ａ５判・並製・228頁・定価1,470円（税込⑤）

日本にとっての重要テーマ42を厳選／一歩踏み込んだ理解を目指すビジネスパーソンに最適書／本質を短時間で学べる参考書の決定版

成長産業目利き講座
―伸びるビジネスが診えるようになる―

石毛　宏［著］
Ａ５判・並製・200頁・定価1,700円（税込⑤）

伸びるビジネスが診える／注目される成長産業の診方とは／伸びる産業・企業に対する目利きのポイントとは／融資研修の教科書に最適

病院・高齢者向け住宅・介護福祉施設
融資ハンドブック
―担当者のための知識とノウハウ―

東出泰雄［著］
Ａ５判・並製・200頁・定価1,680円（税込⑤）

金融機関にとって最も資金ニーズの期待できる「高齢者向け住宅」制度について、仕組み・運営形態・資金ニーズの種類・アプローチ方法・採算シミュレーション等、担当者が即活用できる有益な知識が満載

中小企業のための融資判断の手引き

百武健一［著］
Ａ５判・並製・284頁・定価2,200円（税込⑤）

地域・地元企業の融資・審査業務に長年携わってきた筆者が満を持してまとめ上げた中小企業融資のすべて！

好評図書

金融機関のシステム監査の実務
―実効性ある監査のために―

新日本有限責任監査法人［編著］
Ａ５判・上製・268頁・定価3,360円（税込⑤）

本邦初の実務書：平常かつ緊急時に正常に稼働させるために必要である「システム監査」の実務を体系的にまとめた画期的な実務書。現場で即活かせる監査事例や監査対象領域別の重要な留意事項をわかりやすく解説

コンサルティング実務体系
―企業ライフステージ別アプローチ―

日本政策投資銀行［編著］
Ａ５判・上製・468頁・定価4,200円（税込⑤）

企業の創業・新事業開拓期、成長期、経営改善期、事業再生・業種転換期、整理・破綻期、事業承継期、それぞれのステージで求められる金融サービスの実務をわかりやすく詳解！

国債のすべて
―その実像と最新ＡＬＭによるリスクマネジメント―

三菱東京ＵＦＪ銀行円貨資金証券部［著］
Ａ５判・上製・500頁・定価4,200円（税込⑤）

国債の財政・金融的知識はもちろん、国債管理政策や金融調整機能さらには国債投資・運用のリスク管理の実態について言及することで、国債の本質的課題を明確にするとともにその具体的対応策も明示した待望の書

政治の考え方

向大野新治［著］
Ａ５判・上製・324頁・定価2,730円（税込⑤）

今こそ政治のあり方について真摯に向かい合うことが求められている！
本書は、全編"政治とはその国の統治を最良化するためのものである"という筆者の哲学を基に、政治形態の歴史や具体的制度論さらにはあるべき統治像について多くの参考文献を検証しつつまとめあげた必読の書。

ＣＤＳのすべて
―信用度評価の基準指標として―

矢島　剛［著］
Ａ５判・上製・200頁・定価2,200円（税込⑤）

本邦初の本格的実務体系書！！
企業や国の信用度（クレジット・リスク）の評価基準となるＣＤＳ（クレジット・デフォルト・スワップ）について、その仕組み・機能、商品体系、契約書、市場規模、取引事例等をわかりやすく解説した待望の書。財務・マーケット関係者必読！

好評図書

奥田シェフ・藤原浩氏もおすすめ
庄内レストランガイド

やまぎん情報開発研究所［著］
Ａ５判・並製・136頁・定価1,575円（税込⑤）

アル・ケッチァーノ・オーナーシェフ奥田政行と食のスペシャリスト藤原浩が食の都庄内の魅力を紹介。さらには奥田シェフ・山形大学結城章夫学長・山形銀行長谷川吉茂頭取による座談会では庄内の食の歴史等について論じ、まさに庄内食のガイドブックの決定版。

いざという時に困らないシニア法律相談
―介護・後見人・相続・贈与―

高岡信男・彦坂浩一・古笛恵子［著］
Ａ５判・並製・276頁・定価1,680円（税込⑤）

自分自身や家族が直面して初めて気づく介護・後見人・相続・贈与の問題について典型的かつ重要なテーマ46問をベテラン弁護士がわかりやすく解説した現代の家庭常備本の決定版。

反社会的勢力排除の法務と実務

宮﨑綜合法律事務所［編著］
Ａ５判・上製・736頁・定価5,250円（税込⑤）

唯一無二！！
法令編では反社会的勢力の実態を知り、排除するための基本法および根拠法である暴力団対策法、犯罪収益移転防止法、暴力団排除条例、証人等保護制度等を詳解し、法体系の全体像が理解できる内容。

機関投資家のためのプライベート・エクイティ

日本バイアウト研究所［編］
Ａ５判・上製・464頁・定価3,780円（税込⑤）

本邦初の本格的専門書！！
機関投資家の視点からプライベート・エクイティ・ファンドの魅力や投資の際の留意点について詳解するとともに、日本を代表する機関投資家の経験に基づいた座談会・インタビューを収録した待望の実務書。

プライベート・エクイティの投資実務
―Ｊカーブを越えて―

Thomas Meyer／Pierre-Yves Mathonet［著］
小林和成／萩　康春［訳］
Ａ５判・上製・500頁・定価4,620円（税込⑤）

日本成長戦略に必須であるプライベート・エクイティ投資のすべてを紹介！
・プライベート・エクイティ市場の特色・構造の理解を深める
・プライベート・エクイティ投資のプロセスの基本とリスク管理手法を明らかにする
・ポートフォリオのデザインや管理および具体的なツールを詳解する